[美]卡桑德拉· 埃尔肯斯 等◎著
王少非 王炜辰◎译



# 有效评估188问

CONCISE ANSWERS TO FREQUENTLY ASKED QUESTIONS ABOUT ASSESSMENT AND GRADINGS

江苏凤凰科学技术出版社 · 南京

**图书在版编目（CIP）数据**

有效评估 188 问 /（美）卡桑德拉 · 埃尔肯斯等著；王少非，王炜辰译 . — 南京：江苏凤凰科学技术出版社，2024.5

ISBN 978-7-5713-4275-3

Ⅰ . ① 有… Ⅱ . ① 卡… ② 王… ③ 王… Ⅲ . ① 教育评估 - 问题解答 Ⅳ . ① G40-058.1

中国国家版本馆 CIP 数据核字（2024）第 072094 号

**有效评估 188 问**

| | |
|---|---|
| **著　　者** | ［美］卡桑德拉 · 埃尔肯斯 等 |
| **译　　者** | 王少非　王炜辰 |
| **责任编辑** | 刘文芳 |
| **责任设计** | 徐　慧 |
| **责任校对** | 仲　敏 |
| **责任监制** | 周雅婷 |
| **出版发行** | 江苏凤凰科学技术出版社 |
| **出版社地址** | 南京市湖南路 1 号 A 座，邮编：210009 |
| **联系电话** | （025）83657623 |
| **编读信箱** | skqsfs@163.com |
| **印　　刷** | 溧阳市金宇包装印刷有限公司 |
| **开　　本** | 718mm × 1 000mm　1/16 |
| **印　　张** | 18.5 |
| **字　　数** | 280 000 |
| **版　　次** | 2024 年 5 月第 1 版 |
| **印　　次** | 2024 年 5 月第 1 次印刷 |
| **标准书号** | ISBN 978-7-5713-4275-3 |
| **定　　价** | 72.00 元 |

图书如有印装质量问题，可随时向我社印务部调换。

本译著为国家社会科学基金教育学一般课题“素养导向的教学评一体化实证研究”（项目编号：BHA230143）的阶段性成果。

# 作者简介

**卡桑德拉·埃尔肯斯（Cassandra Erkens）**身兼数职，她既是教育讲师、促进者、教练、培训师，又是主题演讲者、作家，而最为重要的是，她还是一名教师。她经常在全国性和国际性会议上发表演讲，介绍评估、教学、学校改进和工作中的专业学习共同体（Professional Learning Community at Work）。

**妮科尔·迪米奇（Nicole Dimich）**对教育和终身学习怀有浓厚兴趣，这推动她不断探索、推广学校转型的创新实践。她与中小学教育工作者紧密合作，通过演讲、培训和咨询等方式，共同应对教育领域的关键挑战，进而提升学生的学习能力和自信心。作为一名学校转型专家，她主要在评估、读写能力和对所有学生的高期望等领域从事教师培训，也在新泽西州普林斯顿领导力培训中心（Princeton Center for Leadership Training）担任项目评估员和培训师。

**汤姆·席默尔（Tom Schimmer）**是一名作家和演讲家，在评估、评定、领导力和行为支持等领域具有丰富的专业知识。他曾担任过学区领导、学校行政人员和教师。作为学区高级管理团队的一员，他负责监督教师与管理人员的教学和评估能力建设。

**贾迪·米勒（Jadi Miller）**，教育学博士，内布拉斯加州埃尔克霍恩公立学校（Elkhorn Public Schools）评估主任，曾在小学、中学担任教师和行政人员。米勒博士曾在两所被认定为表现不佳的小学担任校长，但通过领导教师能力建设和提高学生成绩的相关工作，使得两所学校都获得了学校改进奖。米勒博士致力于和教师、学校等开展合作，实施基于标准的课程、教学和评估，还设计并提供了持续的、工作嵌入式的专业发展课程，以加强学校和地区的改进工作。

**凯蒂·怀特（Katie White）**，教育顾问、作家，现为“加拿大促进学习的评估网络”（Canadian Assessment for Learning Network）的候任主席。她致力于改变教师和学生的教育体验，专注于帮助教育者发展关于课程、评估和教学间联系的个性化理解，掌握创造性的教学方法。

# 鸣　谢

我们要感谢的人很多，感谢多年来为我们提供信息和启发的众多研究者和思想引领者。我们查阅了大量的参考文献，认识了评价领域的无数先行者。他们为我们提供了强有力的见解、答案和有效的实践，他们对这个领域的影响永远不会被遗忘。我们就站在这些巨人的肩膀上。

同时，我们非常感谢辛勤工作的教育工作者！他们努力践行这些答案和实践，坚持不懈地致力于所有学生的学习，努力使课堂体现持续改进的有效实践。他们将这些答案付诸实践的能力将使一切变得不同。谨将此书献给他们。

心怀感恩的

妮科尔（Nicole）、凯茜（Cassie）、贾迪（Jadi）、

汤姆（Tom）、凯蒂（Katie）

## 目 录/CONTENTS



CHAPTER 1

CHAPTER 2

CHAPTER 3

第三章

## 评估目的



CHAPTER 4

第四章

## 评估架构

第五章

## 结果的交流



CHAPTER 5

第六章

## 精准解释



CHAPTER 6

CHAPTER 7

第七章

## 教学灵活性



CHAPTER 8

第八章

## 学生投入

# 导言

毫无疑问，教育正处于巨大的变革之中。学校系统、管理人员、教师和学生都在努力寻找在快速变化和混乱的世界中提高学生学习成绩的方法。关注关键能力、确保所有学生为大学学习和职业生涯做好准备、审查课程中的偏见、整合技术以将课堂扩大到全球化社会，这些需求结合在一起，要求教育者、家长和学生改变实践方式，以满足不断变化的学习期望（包括标准、结果、目标和能力）。

课堂评估[①] 处于所有这些变化的中心，受到每一种需求的影响。大多数教育系统都在探索和改进如何评估学生，在什么条件下以及为什么目的而评估。此外，教师们正在寻找最好的方式来交流评估结果，解释数据，并报告学术和行为领域的成长和成就。接

① 译者注：原著同时使用了 evaluation 和 assessment，且在文中表达不同的意思，前者强调“价值判断”，后者聚焦于收集和运用信息来支持改进。由于 evaluation 译为“评价”更合适，因此本书中将 assessment 都译为“评估”，它所指的就是教师在日常实践层面对学生学习的评价。

着，这些决策要被应用于在线和面对面的教育场景，从而使这项工作既必要又具有挑战性。

基于跨国旅行及在各种类型、规模的教育系统中的工作经验，笔者发现，所有学段和学科的教师经常提出关于评估的重要问题。在寻找答案的过程中，教育者有时会遇到相互冲突的信息和不确定或零散的做法。本书由5位评估专家集140年的经验编写而成，旨在通过以下三方面的工作来帮助读者做出评估决策。

1. 快速提供关于重要问题的简明答案。（请注意，本书并不打算取代更深入和更彻底的调查。相反，它旨在为读者指出当前最佳实践的正确方向，以便读者可以在本书的简明回答之外继续学习。）

2. 帮助教育者确定值得关注的地方，然后将所有评估工作与该领域有前途的实践项目和重点研究项目对应起来。

3. 协助教育者找到切实解决信息冲突或系统不一致等问题的方法，以使他们能够启动并维持这项非常重要的评估工作。

本书提供的关于每个问题的回答都是通过一个透镜——真实的学习文化中的希望、效能感与成就——筛选出来的。虽然评估设计的一个关键目标始终是支持学生取得最佳成绩，但如果没有持续不断的希望以及师生做出有意义的决定的能力，这一目标就不可能实现。评估的重点必须将支持学习放在首位。

## 评估原理和本书的组织结构

在评估中心的基础性著作《基本评估：为课堂带来希望、效能感与成就的六个原理》（*Essential Assessment*: *Six Tenets for Bringing Hope*, *Efficacy*, *and Achievement to the Classroom*, Erkens, Schimmer,

Dimich，2017）中，该中心的缔造者妮科尔·迪米奇（Nicole Dimich）、卡桑德拉·埃尔肯斯（Cassandra Erkens）和汤姆·席默尔（Tom Schimmer）围绕以下六个原理探讨了有关评估的问题：（1）评估目的；（2）评估架构；（3）结果的交流；（4）精准解释；（5）教学灵活性；（6）学生投入。这六个原理的中心是希望、效能感与成就，而围绕着每一个原理的是学习文化。图 1.1 描述了这种关系。

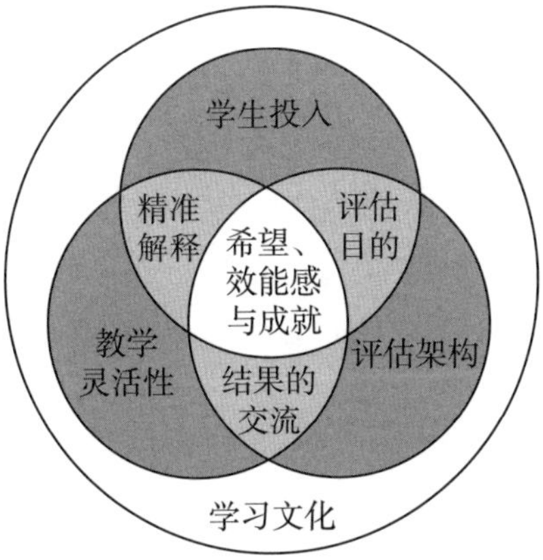


**图 1.1　六个评估原理的框架** [①]

相应地，本书的内容也是围绕这些关键特征进行组织的。理解每个原理的含义将有助于读者找出问题所在。下面的定义简要地描述了每个原理的含义。

评估目的：清楚地了解教师为什么进行评估，打算如何运用收集到的信息。

评估架构：为使支持和学习最大化而在教学前设计评估系统。

结果的交流：教师打算如何分享和利用某种评估经历的结果来

① ERKENS C, SCHIMMER T, VAGLE N D. Essential assessment: Six tenets for bringing hope, efficacy, and achievement to the classroom[M]. Bloomington: Solution Tree Press, 2017.

影响学生未来的学习。

精准解释：确保教师和学生从评估结果中得出相似的推论，使结果准确、可获取和可靠。

教学灵活性：以深思熟虑的、有目的的、准确的方式进行实时调整，推动学习进步。

学生投入：利用评估来培养学生获得学业成就、自我调节、自我评估和保持乐观的能力。

本书中提出的问题是围绕这些原理组织起来的，但需要注意，这些原理之间相互依存，必然存在联系，这使得这种分类变得困难。一个单独的问题可能会以某种方式涉及每个原理。考虑到这一点，我们提供了第二种组织结构：按主题（例如，前评估、重评、反馈）分类。本书附赠“内容主题表”，列出了各个问题在正文中对应的页码。这样，您可以从头到尾阅读本书，也可以根据“内容主题表”来快速找到某个问题的答案。

## 最后的说明

我们很有可能把这本书作为关于评估的唯一资源和定论。尽管本书为关键问题提供了简洁但很重要的答案，但没有提供相应的过程和方法，不能让人在一定精细和复杂层面上了解评估设计和回应的所有维度。本书可以作为一种资源与其他资源相结合运用，从而更全面地探索相关的主题。

本书附赠“评估中心的综合性资源”，以深入探索与评估相关的任何问题。

不幸的是，要设计出能提升每一个学生的希望、效能感与成就的评估系统，没有捷径或简单的选择。评估是复杂的，做好评估需要清晰性和目的性。尽管存在挑战，但评估在为教师和学生提供决策信息方面具有巨大的潜力。本书旨在激发学生深思熟虑的决策，并澄清可能使这项重要决策变得困难的误解。此外，本书中的回答旨在引起教育者与同事进行丰富的对话，以使描述和实施都更加清晰。情境有助于教育者解释每一个评估概念，这意味着能带来更高清晰度和更有效实施的对话，是阅读之后发生的。教育工作者可以利用对问题的回答来推进积极的评估改革，并思考其在课堂和学校中的重要性。

# 第一章
# 希望、效能感与成就

在学校和课堂中，一个健康的评估体系是建立在每个学生的希望、效能感与成就的基础上的。日常的评估决策可能有助于也可能伤害那种能够支持熟练、高效学习者发展的文化。在面对不可避免的挑战时，如果教师想要学生变得独立、乐观和训练有素，就必须使用评估来建立他们的信心和抗挫力，以迎接不可避免的挑战。教师必须创造一种有助于建立信任和融洽的关系，能支持游戏和创造，同时还能体现所有学生和教师之间的互惠关系和谦逊态度的学习环境。

教师为实现这些目标而有目的地构建评估系统时，就能维持甚至改善希望、效能感与成就。许多教师都在思考如何用这种方式来完成评估。教师——其中大多数人在作为学生时从未体验过用以提升希望、效能感与成就的评估——想从本章后面的内容中获得这个重要问题的答案，是完全合乎逻辑的。

## 评估中的希望、效能感与成就

### 在评估情境中，我们所说的“希望”是什么意思？

希望（hope）是一种信念——而不是一种愿望（wish）——相信成功和机会就在眼前，唾手可得，并且可以获取。它是对未来美好事物的坚定信念。有希望的学生对自己的未来持积极态度，有目标导向，能够克服学习过程中的障碍，能够做出支持自己成长的决定。因此，希望对于提升他们自我激励、保持投入和克服困难的能力至关重要。如果学生没有一种成功在即的感觉，那么他们即使没有完全停止学习，也很可能会在尝试中三心二意。如果没有希望，学生就可能将学习过程视为布满陷阱和障碍的雷区，试图逃避。教师必须运用评估过程——从输入到输出——来帮助学生保持希望。

将希望与天真的乐观区分开来很重要。希望包括了积极和消极两个方面，而天真的乐观主义只关注积极的方面——通常脱离了更广阔的现实背景。在一个真正充满希望的环境中，学生犯错误是安全的，因为持续成功的可能性会减轻走错一步的影响。然而，为了实现这一点，让学生保持希望就不能停留于点头鼓励，而要将希望纳入评分和报告系统。

**相关原理：**学生投入

**主题：**成长型思维，学生参与及动机

## 评估是如何摧毁希望的？怎样才能避免这种情况的发生？

斯蒂金斯（Stiggins，2007，2008）和威廉（Wiliam，2011，2013a）认为，评估过程非常强大，以至于单一的学习经验可以创造或摧毁希望。传统评估的过程——收集信息、评定、记录、报告（但很少进行干预，最终成绩不反映后来的进步情况）——如果具备以下五个特征，就可能立即摧毁希望。

1. 评估过程不包含实践机会。在这种实践中，早期的评价结果能够有意识地支持总结性评价上的表现改进。

2. 将评估目标隐藏起来，因此学生只能猜测教师会测试什么，如何测试。

3. 评估反馈只聚焦于遗漏或错误之处，不关注学生的长处。

4. 将评估当作一个生产评价性标记或分数（例如，50%、D-或 2/15）的事件，却没有提供可能改变结果的反馈或机会。

5. 评估结果仅限于教师在一段时间内加以平均的评价分数，因此早期的失败会阻碍未来的成功。

在评估过程的每个节点上，学生——做出个人干预以改变结果的最终决策者——做出影响最终结果的选择，但关键是要避免因学习成绩差或缺乏希望而指责或羞辱学生。相反，要寻找并修复那些扼杀学习动力、鼓励学习者无助地放弃的制度。我们可考虑以下策略。

1. 创建一个评估计划，为学生和教师提供形成性评估机会，以更好地了解学生在实现学习目标方面的进展，进而生成总结性经验。

2. 明确学习期望和目标。让成功的标准对学生透明。

3. 有意识地将优势和需改进的领域纳入反馈。帮助学生了解它们是如何相互联系并最终与学习目标联系起来的。

4. 分数或等级只能说明一部分问题。确保通过反馈让下一步行动更加清晰。

5. 建立评定制度，认可学生的学习进步，不惩罚学习早期阶段的错误。

**相关原理**：学生投入

**主题**：成长型思维，学生参与及动机

## 效能感是什么意思？谁的效能感？

高效能感的人相信自己有能力成功地实现挑战性目标。显然，对于学生来说，在努力实现稳健的学习目标时，效能感是很重要的。学生如果不相信自己有能力完成这项工作，感到挑战无法克服，就可能会轻易放弃。

当然，这同样适用于教育工作者。除非教师相信自己有能力把他照顾的每一个学生——甚至是困难的或没有动力的学生——提高到较高的学习水平，否则他也会无助地放弃。拥有高水平效能感的教师相信自己可以控制或者至少积极地影响学生的动机和成就。

因为信念决定行动，高效能感的教师和学生更有可能致力于挑战，坚持不懈地克服障碍，在失败中恢复活力，专注于成功，反思并完善自己的策略以备将来使用。效能感对教师和学生的成功都至关重要。

**相关原理**：学生投入

**主题**：成长型思维，学生参与及动机

## 怎样才能增加希望和效能感，而非建立一种虚假的应得感（entitlement）？

充满希望和高效能感与应得感无关。当学生充满希望时，他们相信成功仍然唾手可得。当学生体验到自我效能感时，他们相信自己可以达到目标。哈蒂（Hattie，2012）认为，希望和效能感是自信学生的特征。坎特（Kanter，2004）认为，信心是有依据的乐观主义，有一个真实的信念：成功是必然的，但专注于努力对于走向成功仍然是必要的。当学生相信成功是可能的（希望），并相信自己能做到（自我效能感），学习就会发生。

应得感意味着没有价值的成功，即一个人被视为是成功的，却拿不出必要的证据来证明自己所声称的成功。应得感在任何评估体系中都不存在，因为教师应该根据学生提供的证据的质量来衡量学习。所以，既不应该有应得感，更不应该有虚幻的应得感。在任何环境下，培养对学习的深刻理解和培养强烈的职业道德是并行的目标，而应得感会起反作用。

提高学生的希望和效能感的策略包括以下两点：

1. 提供清晰的学习目标和成功标准，帮助学生看到通往成功的道路，但这仍然需要他们努力去实现。

2. 提供及时和具体的反馈，让学生知道他们什么时候在正确的道路上，什么时候偏离了方向。

**相关原理**：教学灵活性，学生投入

**主题**：反馈，形成性评估，自我和同伴评估

## 为了评价实践能支持所有人的成就，我需要做出什么改变？

帮助所有人实现他们成就的评价（总结性评估）实践包含以下特征：

1. 评价只有在明确的教学、大量的实践、强有力的反馈以及设定目标并调整努力方向之后才会发生。

2. 评价仅限于最重要的学习类型（关键技能和理解）。

3. 当新的评价证据表明学习目标的熟练程度提高时，新的证据会取代旧的证据。

4. 当额外的练习和学习发生时，学生有机会被重评。

5. 学业成就要与行为因素分开评价，两种类型的学习都应得到支持。

6. 在适当的时候，学生在评估方法上有灵活性，这样他们就可以利用个人的优势和兴趣。

评价只有在评分期结束，证明学生达到的真实掌握程度时才是准确的。分数所基于的结论性证据必须直接与学习希望和质量标准联系在一起，必须完全不受早期错误的惩罚，不受所有非学术因素（如依从性、态度、天赋或努力之类）的影响。

**相关原理**：评估架构，学生投入

**主题**：报告，总结性评估与评定

## 如何使用评估实践来培养学生的成长型思维？

正如卡罗尔·德韦克（Carol Dweck，2006）所描述的那样，成长型思维模式是一种内在的信念，即思维是可以生长的肌肉，一个人的思维可以成长，他目前的状态只是一个起点。如果评估的重点是找出证据，让每个学生都能清楚地了解下一步的学习，那么运用评估就能无障碍地培养学生的成长型思维模式。另外，一个固定的思维模式会让人觉得智力是固定的；一个人要么聪明要么不聪明。固定型思维的观念背离了教育的目的——在最有效的情况下，学习需要关注的是成长；通过教学过程，学生可以知道得更多、做得更多、理解得更多。

确保让成长型思维模式优先于固定思维模式的关键是使用评估作为教学决策的跳板。评估是引出持续的学习证据，这些证据最具有可行动性，它们确定了优势和需要加强的领域以及推进学习所需的后续行动。D. 罗伊斯·萨德勒（D. Royce Sadler，1989）指出了推动这一过程的三个基本评估问题。

1. 我要去哪里？

2. 我当前在哪里？

3. 我如何缩小这两者之间的差距？

缩小差距有两个好处：（1）它使学生清楚地了解推进学习的必要步骤；（2）推进学习的过程给了学生发展思维和拓展智力的第一手经验。

运用评估来发展成长型思维模式的关键是教师创建最能无缝地引导后续行动的评估实践和流程。形成性地运用评估是教师发展学生成长型思维模式的方式。反对形成性评定（formative grades）的一个论点：等级不能为下一步行动提供信息。虽然等级通常能让学生了解他们当前的状态，但很少能明确指出继续学习所需的后续行动。通过将评估重点放在接下来要做什么而不是过去做了什么，教师可以为学生的成长创造必要的条件。



**相关原理**：评估目的，教学灵活性

**主题**：反馈，形成性评估

## 关系、教师信心与评估实践

### 在做出评估决策时，如何保护师生关系？

当教师认识到评估的力量既可以培养关系，也可以削弱关系时，他们就可以设计评估工具和过程来支持前者，防止后者。教师的角色是支持和发展学生个体的学习，而做到这一点的最佳方法之一就是强有力的评估实践。当评估主要用于指导教学、确定学生的优势和需求时，它可以加强教师与学生之间的关系。

就像任何良好的关系一样，师生关系必须有相互尊重和真诚的关心。将评估作为对话和信息公开交换的催化剂，可以促进师生关系。让学生在如何提高自己学习的具体方面有发言权，是利用评估所传递的信息和促进相互尊重的好方法。例如，赋予学生选择如何练习和发展新知识、新技能的自主权，能让学生更深入地参与学习。这也要求他们真正理解成功是什么样子的。在评估之前、评估期间和评估之后向学生传递信念和乐观的情绪反映了真诚的关心。将这些关心与有针对性的具体指导和反馈相结合，能让教师扮演倡导者和支持者的角色，这是保证评估通过学习过程中的挑战性时刻来支持师生关系最有效的方法之一。

当评估过程重于判断和价值，而没有用支持、成长和冒险来加以平衡时，参与评估的双方关系就会动摇。另外，当评估被视为支持学习的机会时，这样会有助于师生双方建立联系。

**相关原理：**结果的交流，学生投入

**主题：**形成性评估，关系，学生参与及动机，学生的效能感

## 评估如何建立教师信心？

如果产生的证据（即学生成绩）表明，教师使用形成性评估的结果帮助他们利用自己的专业判断来做出有效的教学决策，并促使所有学生的成绩提高，评估就有助于增强教师的信心。当评估促进了学生学习时，它就能提高教师对创造高效学习环境的能力的信心。最有帮助的就是，清楚地了解学生当前的学习状态，然后确切地知道该做些什么来创造一个更好的未来。高质量评估实践可以促进学生学习，并提升教师设计和运用这种实践的效能感。

**相关原理：**精准解释

**主题：**专业判断

## 对问责的关注会抑制课堂中的创造性吗？

重要的是要把意向和实施分开。从表面上看，学校、教师和学生无疑都应该对教育系统——尤其是公立学校，学校投入了许多资金来确保学生达到既定的结果——的结果负责。当然，人们可能争辩是否有足够的资金和资金分配是否公平，但从理论上讲，对结果负责是对任何组织及组织系统内人员的合理希望。

话虽如此，但问责的实施确实经常在不经意间导致课堂上的创造性被扼杀，有时甚至完全丧失。标准（standards）和标准化（standardization）经常被混为一谈，这导致了对问责目标的模糊理解。这两个术语的混淆通常会导致一个过于简化的评估系统，但不幸的是，由于评估过程限制了学生的创造性，这样的系统达不到大多数组织所追求的崇高目标。尽管这种扼杀创造性的行为很可能不是有意为之，但它是一种残留效应（residual effect）。

标准是关于结果的；它们是知识、技能、思维方式和倾向，是每个年级教育经历的目标。然而，就其本身而言，它们通常并不要求学生以标准化的方式展示他们的学习。标准化评估更容易评分，特别是如果评估主要是回忆性的二元问题（binary questions of recall），或者每个学生都被要求对相同的表现任务做出反应。现在，有很好的理由进行标准化，因为大规模评估的目的之一是对一群学生得出总体性结论。这些总体性结论的准确性和意义取决于有效度和信度的评估。赫里蒂奇（Heritage，2010b）认为，信度指的是评估测量与其打算测量的内容的一致性①；如果评估是可信的，那么其结果是可重复的。如果没有可信的测量，那么评估结果的解释就不

① 原文如此，但这里的“信度”似应为“效度”。

可能有效或准确。

在这一方面，有两点需要注意。首先，标准化评估有可能为学生提供创造性回应的机会，特别是评估焦点在于技能、思维方式或倾向态度的情况下。要做到这一点，标准必须明确，正式评分的过程必须一致，但学生反应的多样性仍然可以体现相同的学习目标。一些地区已经制定了容纳这种评估的正式议定书。以真实的方式整合知识和技能，并鼓励学生的选择性和个性化的下一代评估正变得越来越流行。

其次，将大规模的评估结果与基于学校经验的质量判断分离开来可能是明智的做法。大规模的评估结果在范围上是有限的，它不能提供关于系统或个别学生的完整情况。努力保证不同类型评估的平衡有助于创建一个更完整的学习图景。鲍尔斯（Bowers，2019）认为，大规模评估与课堂成绩之间只有有限的相关性（相关系数为0.5），这意味着我们不能指望学校层面的评定与大规模问责制测试直接匹配。摆脱对标准化测验的过度关注会让教师拥有为学生的创造增加机会的自由，而不用担心标准化测验的结果会对教师和学生产生负面影响（例如，Wiliam，2013b）。

**相关原理：** 精准解释，评估架构

**主题：** 问责和标准化考试，评估设计，指标，关键能力，标准

## 如果评估实践支持有价值的失败和智力冒险，它们会有什么不同？

学习新东西是冒风险的，因为它充满了早早失败的可能。如果评估实践支持有价值的失败和智力上的冒险，那么就必须培养学生

的希望。希望不仅仅是温暖的感受，在某种程度上，它可以与学生和教师培养效能感的具体行动联系起来，例如以下内容：

1. 有种观点认为，评估应该被用来推动学生通过危险地带，以获得真正的学习；这种真正的学习要求学生突破舒适圈和熟悉的事物，进入新的、未知的领域，这本身就要求学生和教师冒险。这意味着评估过程必须着眼于未来，形成性地支持教师和学生在改进过程中的决策。教师和学生必须在所有时候都看到形成性评估和强化了的应答性教学之间的联系。这种持续的形成性评估和教学回应有助于学生和教师驾驭未知。当学生看到评估在为他们自己的学习需求服务时，对学生来说评估就有了不同的意义。

2. 让评估关注并利用优势，下一步的行动是建立于优势之上的。只强调不足的评估会扼杀冒险。如果评估为学生提供具体反馈，即提供关于已经掌握的内容和尚需学习的内容信息，那么这些信息可以用来让学生和教师确定下一步行动。

3. 让评估尊重学生的智力需求，尊重他们的身体、社会和情感需求（White，2017）；学生只有在安全的情况下才会冒险。有三种做法可以提升在评估中成长所需的安全感：（1）改正错误的时间；（2）做出新决定和改进的机会；（3）教师和同伴的支持。我们必须确保我们的评估实践提供反馈，并提供有效运用反馈所必需的时间和支持。

4. 把反思的机会直接整合到评估系统之中；学生还需要时间来反思什么有效，什么无效，并找到能让他们获得更大成功的方法（White，2019，2022）。例如，在第一次进行尝试后实施一个反思过程，让学生考虑自己到目前为止所做的决定以及这些决定是否将他们引向想要的结果。然后学生可以为下一步行动选择一个目标，来完善自己的产品。

5. 反馈需要聚焦于提高技能和知识而不是提高分数。与评估相关的话语必须是学习质量的话语，而不是数量的话语。仅仅以百分比或数字呈现反馈是不够的；相反，它应该包含更具体、更有操作性的信息，以便学生有效地使用它。

6. 在确定等级时，不要把早期的失败计算到稍后的掌握程度中；如果学生认为不成功的尝试会对整体成绩产生负面影响，就不会冒险。将旧证据和新证据平均化既会阻止冒险，也会得出一个不能反映实际学习程度的分数。

当教师激活这些条件时，他们会以预期的方式使用形成性评估实践，同时创建一个成长性思维方式的课堂。

**相关原理**：结果的交流，学生投入

**主题**：形成性评估，成长型思维

## 如果必须增加形成性评估的数量，那该如何腾出时间？

有一些评估或教学实践可能会偷走宝贵的时间，因为它们没有获得与投入的成本相应的回报。教师可能需要停止做以下事情：

1. 打断学习，而去实施并不反映当前学习内容的评估。形成性评估不是教师做的事；相反，它是一个嵌入式的过程，旨在为教师提供实时信息，并为下一步行动指明道路。中止学习而去做一些看起来不相关的事情，这会偷走学习时间。

2. 以反馈的名义代替学生思考。教师有可能给出过多的反馈，使学生应接不暇，或使修改的任务过于艰巨。此外，如果反馈完全是指导性的，那么所有的思考都成了反馈给予者的事，而反馈接收者就没有了思考机会。教师可以利用时间提供有针对性的反馈，让学生自己做出决定；教师要节省时间，还可以少写反馈，来计划如何针对所收集的证据做出回应，以让学生重新投入他们正在探索的概念和技能的学习中去。

3. 布置了大量的练习，却没有计划实现这两个方面：提供反馈；运用由此产生的证据来指导下一步行动。要试着用一些能加深学习并探索可能的错误和误解的高质量问题，让学生在练习时改善自己的学习。

4. 关注最大的评估，在标准化考试的准备上花费过多时间。如果学生学得好（严格且深入），也会考得很好。对时间的良好利用要求关注学习目标以及能有助于学生在多种情境中取得成功的策略。

5. 在学生已经掌握的技能和知识上花时间。及时的形成性评估的优点是，它可以确定学生的优势领域，防止教师重复教授学生已经掌握的东西，尊重已经被纳入螺旋式评估路径中的重评过程。当教师设计教学单元时，应该有意识地计划评估过程，并灵活地使用从中获得的信息来提供额外的教学支持和可能的再评估。这将在关于评估架构（assessment architecture）的章节（第 85 页）中进行进一步探讨。

6. 将大部分教学时间用于全班授课。将建立联系和学生对话最大化的教学策略也能最大限度地使学习从表面习得转向深度学习。一种经过深思熟虑的教学方法可以节省后续的干预时间。

7. 在每次学习之前和学习过程中都未能共同构建学习目标和成功标准。当学生（和教师）缺少焦点、思路不清时，宝贵的时间就会被浪费，用来练习不重要的事情，从事没有意义的任务，教学时间被花在了不重要的地方。

重要的是要记住，任何能最大化学习的方法最终都能节省时间——进行干预的时间、重新教学的时间、重新评估的时间。形成性评估是花最短的时间实现最优学习的必要过程。

**相关原理：** 评估架构，结果的交流

**主题：** 反馈，形成性评估

## 用英语来评估英语学习者公平吗？

准确评估，意味着评估证据极有可能提供了与教师打算评估或测量的标准或学习目标相关的学习者的掌握程度的清晰信息。公平的评估意味着在设计评估时和分析结果时考虑了所有因素（例如，背景知识、语言能力、词汇、内容、技能等）。

用学习者的非母语进行评估是否公平，答案受很多因素影响。如果学习者是学英语的新手，用英语进行评估不能为学生、教师或团队提供准确的信息。例如，一个学习者可能很难在考试中解决数学问题，而对他们解题影响最大的因素是数学问题中的英语文字量，因此，用教学语言进行评估并不能反映学生真实的数学水平。当教师进行评估时，特别是当目的是形成性的时，他们的目标是获得信息，以了解学习者的优势，并计划下一步。要做到这一点，在公平地评估英语学习者时，请考虑以下几点：

在对评估信息做出反应时就可能保持希望和效能感。如果学生有机会参与有意义的反馈，然后就未实现的目标进行重新审视、回顾和修正，那么他们的成绩就会提高。通过观察学生对评估的反应，教师可以确定自己的决策是否为学生成绩的提高提供了支持，并为他们关于自己是谁、自己能完成什么的信念提供支持。

在远程学习期间，例如在病毒感染大流行期间，教师的这些努力变得更具挑战性。在远程学习环境中，我们需要考虑以下内容：

1. 教师要设计在评估之前、评估期间和评估之后收集学生反馈的方法，让学生知道整个评估过程需要多长时间，并让他们为自己参与评估的信心水平打分；同时，给他们一个空间来分享可能会有的任何担忧或问题。

2. 对评估任务本身和学生在评估过程中使用的操作提供适时和具体的反馈，以便学生进行自我调节并提供强有力的评估信息；然后，保证学生有时间对反馈进行反思，设定目标，重新审视和修正自己的努力。

3. 经常赞扬具体的优点。将这些赞扬与学生为变得更好所做的决策联系起来。赞扬与学生采取的行动有明显联系的优点，教师能够激发学生的希望和效能感。

4. 让学生追踪自己在实现重要学习目标上的进步，让成长可见，并鼓励持续的反思。

毫不奇怪，面对面环境中最有效的方法在远程环境中也同样有效。通过设计远程学习并在所有环境（虚拟环境、混合环境和面对面环境）中一致地使用这些实践，教师可以使自己的工作更加高效。外部环境——即远程或混合环境——甚至要求教师更加关注发展希望、效能感与成就的工作。

第二章

# 学习文化

建立支持学习的人际关系意味着有意识地关注文化。一所学校的文化是由处于其中的人的信念、假设、期望和习惯组成的；它可以从不言自明的行为准则、学校内部使用的语言以及产生于共同历史的叙事中看到。如果学校和教师不仔细设计和监督文化，就无法维持着眼于未来的评估工作。文化的力量（在学习空间中所做的事情）总是会压倒意图（通常体现为在学习空间中所说的话）。教师必须有意识地做到言行一致，信念和评估系统一致。

当教师和学生进行有效的评估实践时，教师必须仔细注意自己的措辞、语气、时机、支持和指导，同时还要监控学生的独立性、自信心和反应。这些因素对于建立信任至关重要，而信任对于成长、冒险和深度思考都是必不可少的。

如何在课堂和学校创建充满学习氛围的文化是所有评估决策的关键点。如何让教师和领导者思考这种转变的必要条件，仍然是有效评估系统创建的重要组成部分。

## 摆脱传统评估文化

### 评估与学校文化如何交互作用?

教师的评估方式、反馈方式以及他们为错误提供的补救（或不补救）机会，极大地影响了学生的学习经历和他们对每天处于其中的学校文化的整体感知。

文化存在于教育情境中每个人的言行和感受中。正能量会产生更多的正能量；同样地，负能量也会产生更多的负能量。在积极的学校文化中，有一种归属感，一种乐观的总体感觉，有对幸福的关注以及对支持所有人学习的承诺。

评估与积极文化的特点有直接的联系。当教师相信学生能够学习时，他们会非常谨慎地对待评估系统，并确保他们的评估决策在提高成绩的同时能建立希望和效能感。学校文化影响着学生如何与评估互动，如何回应评估，而学生如何参与评估又影响着学校文化。评估和学校文化是相互依存的。

**相关原理：** 评估目的，结果的交流，教学灵活性

**主题：** 反馈，形成性评估，成长型思维，学校和课堂文化与氛围

### 如何才能把我的课堂气氛从竞争和遵从转向学习?

如果人们意识到高分是稀缺的，例如，只有很少一部分人得A，一个人必须非常特别才能获得一个A，竞争文化就产生了。虽然在大学里确实存在竞争，而且竞争是全球性的，超出了任何

学生的控制范围，但学生能够控制的是，努力达到他们所能达到的最高水平。有些教师可能认为这种竞争是一种激励，也许对一些学生来说它的确是，但这种竞争的负面影响往往超过任何潜在的好处。



托平（Topping，2013）经研究后证明，同伴评估是一种有效的学习方法，但如果评估结果体现为成绩排名表上的争先（即学生们为榜首而进行竞争），那么这种好处可能会被抵消。例如，学生可能认为同伴评估是一种不受欢迎的活动，如果结果表明其他学生表现得更好，那么他们可能不会完全投入这个过程中。如果获得最高成就的机会有限，他们为什么要有目的地帮助别人超越自己呢？

遵从也会产生反作用。行为上的遵从的确是社会生活的一部分。当某些特定的社会期望要求关注安全和公平时（例如，红灯、禁止标志、音乐会指定座位等），遵从性就很重要。但是，作为一项成就指标，遵从偏离了目标，因为仅仅完成一项作业或评估并不能确保学习已经发生。质量才是最重要的，所以教师应该根据所产生的东西的质量来确定成绩，而不是仅仅因为它被生产出来。在很大程度上，遵从是一种社会规范，可以作为对任何学生社会能力的评估的一部分，但评估和评定中对遵从的注重可能会导致一些学生仅仅满足于完成，而不是努力追求更高水平的表现。

为了避免这种情况出现，教育工作者应注重制定明确的表现标准，以确定学习质量的进阶。在通往熟练的过程中，学生需要能看到多个学习节点和质量水平，而不应该只看到开始和结束。教师应该分析任务和期望，以确定和阐明不同的步骤。这将有助于削弱不健康的遵从和竞争。原因有二：首先，学生会发现他们唯一需要竞争的是学习目标和既定的标准，他们与同学的比较并不重要。其次，明确的表现标准规定，他们完成任务的质量是衡量成功的唯一标准；完成很重要，但完成只是评估的最低期望。建立严格的标准，清晰地描述优秀表现，有助于形成透明的文化，在这种文化中，集体可以共同努力以实现每个个体的最佳状态。



**相关原理**：结果的交流，学生投入

**主题**：指标，自我和同伴评估，总结性评估与评定

## 评估和创造性能共存吗？如何将创造性整合到评估之中？

从历史上看，传统评估重在测试记忆，不能产生创造性。然而，创造性不仅可以与评估共存，实际上也依赖于评估才能得以发展。评估，尤其是现代评估，必须从生产知识消费者转向培养知识创造者——这是创造性的根源（Erkens et al.，2019；White，2019）。

学生需要机会去体验那些使他们走向或偏离有意义的目标的决定所产生的影响。他们需要有空间去冒险，尝试新想法，扩展当前的世界观。因此，有效的评估设计和自我评估的机会会成为想象力和创造性的硬通货。

要培养创造性，需要将决策权交给学生，并让学生负责探索、阐述、策划、表达和反思自己的想法。在整个学习过程中，教师可以有意识地为学生创造这些类型的反思提示和行动的机会。要做到这一点，他们可以借助反思和目标设定表、结构化的同伴对话或学生和教师之间的讨论（更多想法请参见 White，2019）。这将有助于学生不停留于想象他们认为成年人希望他们想象的东西，或者只

创造他们希望让教师满意的东西，而是激发出真正的创造性。与简单地猜测教师的期望有本质上的不同，自我评估和同伴评估都为学生创造了高水平的参与度和效能感。为学生创造这些机会，并允许他们参与指标的创建和扩展，对学生和教师都有好处。

**相关原理：**结果的交流，学生投入

**主题：**关键能力，形成性评估

## 在课堂上，如何让失败成为一件好事？我的学生不愿冒险怎么办？

学生们通常把失败定义为低分或者低排名。要将失败重新定义为一个机会，教师必须帮助学生重新定义解释分数（如果有的话）的方式，并确保他们的沟通聚焦于反馈并描述学习质量，而不是简单地量化。下列观点概述了一些具体而实用的策略，教师可以运用这些策略，来让评估过程中的失败和错误不仅可以被接受，而且能够激发学生的学习动力。

1. 依据学习目标来分享分数或符号。如果学生收到一个量化的符号，如字母等级、分数或笑脸，那么这个符号应当根据与特定目标相关的学习质量来定义。如果学生只得到一个数字，例如 5/10，那么他们就没有足够的信息来知道自己已经学了什么，还有什么没有掌握。相反，教师要依据学习目标来提供这些信息，明确指出学生还需要学习什么。

2. 有了基本的标准和学习成果（评分规则中的指标或测验中学习目标部分），教师可以通过要求学生确定自己擅长的学习目标和需要学习的目标或标准，引导他们进行自我反思。要求他们在需要发展的领域采取行动，同时为改进提供时间。

3. 只有学生在需要发展的领域采取行动并达到熟练程度后，教师才提供更具总结性的、定量的分数。如果在此之前有一个分数，那么就用新分数替换旧分数。如果有新的证据证明学生在同一学习目标或标准上的掌握程度，分数更应该代表学生当前全面深度理解的真实情况，而永远不应该取平均数。因此，教师应该使用更近期或更一致的证据来确定分数。

4. 让学生追踪自己在一段时间内的成长，并帮助他们思考自己所取得的成长以及这种成长的原因。这个过程可以帮助他们看到，所犯的错误实际上也可以创造更多学习的机会。

5. 当使用形成性评估时，尽可能地延迟确定等级；成绩和分数会阻碍学生重新投入学习的意愿。无论如何，提供一到两个可实施的下一步行动，并要求在这些步骤上采取行动。形成性评估及其产生的反馈应整合具体行动以加强学习。接下来的行动步骤可能发生在课堂上或课外，但只有行动才能促进成长。然后，让学生反思这种行动和自己的成长，这将有助于他们开始将错误视为学得更多的机会。

6. 不愿意冒险的学生通常对自己潜在的成功缺乏信心，或者觉得冒险会带来更多不利于成长的评估。无论哪种情况，在一段时间内，只向学生提供强调优势的反馈。根据学生的学习目标来明确优势，并使用具体的成功指标加以描述，这样他们就能树立信心。这种信心会让学生对批评性反馈和成长更加开放。

7. 当学生犯错误时，教师所采取的行动将决定课堂上的学习文化。冒险和恢复（recovery）的文化意味着冒险是安全、勇敢和被鼓励的。当学生犯错误时，教师必须建立一种探究的基调（“是什么导致了这个错误或这个反应?”），并提供采取行动的机会和要求（“你需要学习什么才能继续前进?”“下一步你将如何以及何时采取行动?”）。学生采取行动是至关重要的，无论他们看起来多么有动力或没有动力。一个人在自己缺乏信心的领域采取行动并不容易，所以需要时间和多种策略来帮助和引导学生迈出下一步。

创造一种文化，让学生敢于冒险，把错误视为成长的机会，这需要意愿、时间和耐心。继续把承担风险作为学习的积极步骤，把犯错作为学习过程的重要部分，这将帮助学生重塑他们的思维。同样重要的是，为学生提供时间和空间来探究自己的错误，采取行动，并反思这对下一步行动的意义。采取接下来的步骤，然后反思他们的成长，这将是创造健康的学习文化的关键。表达可能性的语气会让学生明白更快并不总是更好，完美也不是获得成功的唯一途径。

**相关原理：** 评估架构，结果的交流，教学灵活性

**主题：** 形成性评估，成长型思维，学校和课堂文化与氛围

## 学生因为担心被同伴认为不聪明而不敢问问题，如何鼓励他们冒险并提出问题？

要让学生去冒险尝试回答教师的问题，简单的鼓励是不起作用的，至少对大多数学生来说是这样的，而且，如果不是在令人安心的课堂上或时机下进行，这种鼓励也不会奏效。此外，大多数学

生（而不仅仅是胆小或有困难的学生）都有避免智力公开冒险的倾向，因此对少数人的鼓励不会解决系统性问题。教师可以这样考虑：那些经常举手的学生会在明知自己不知道如何回答教师的问题时举手吗？如果他们知道答案，他们真的会冒很大的智力风险吗？

令人惊讶的是教师用的一些叫答策略，如只叫那些举手表示有一定信心和准备好回答教师问题的学生，保护那些未举手的学生，让他们能掩饰自己的不适，这往往不利于创造一种促进智力冒险的学习文化。事实上，在公开场合奖励那些已经知道答案的学生，能为那些自愿回答的学生积累优势，同时也会让课堂中的其他学生排斥参与，因为这种做法无意中传递出一种信息：所有的学生都已经知道答案。优劣差距扩大的结果——默顿（Merton，1968）提出的一个概念被称为“马太效应”（Matthew Effect），基于“富人更富，穷人更穷”的名言——暴露了不平等，使得试图跟上步伐的学生更加害怕冒险。纽曼、切拉诺（Neuman，Celano，2006）发现，将这一原理应用于阅读习得，能很好地解释掌握了解码过程的学生是如何扩大阅读差距的，因为他们比没有发展这些技能的学生更能专注于文本的意思。

一个更好的解决方案是创造一种文化，在这种文化中，所有的学生都参与智力冒险（Wiliam，2014）。可以考虑以下几种方法来代替课堂上快速的叫答式提问：

1. 预先设计需要学生进行复杂的思考并做出富有成效的努力的问题。运用产生的结果来指导教学实践。

2. 随机提问所有的学生。不允许举手，除非是为了寻求教师的允许，或者是为了向他人提出问题或挑战。

3. 当学生不知道如何回答问题时，为他们提供可供选择的回答或策略。例如，“我可以花点儿时间想一想吗？”或者“我能问问朋友吗？”

4. 延长提问后和征求回复前的等待时间。

5. 寻求一个问题的多个答案，在大量学生提出他们的观点之前，不指明答案的正确或错误。

6. 让学生，尤其是那些已经有了答案但还不能解释原因的人，用证据和理由来支持自己或彼此的答案。

7. 把错误或误解视为每个人深化学习的机会。

智力上的冒险是活跃和安全的学习环境的标志。教师不应鼓励少数人多说话，而应创造一个公平的环境，让每个人都接受挑战，并将错误作为继续学习的机会加以珍视。

**相关原理：**教学灵活性

**主题：**提问，学校和课堂文化与氛围，学生参与及动机

## 分数不能激励学生取得好成绩吗？如何在学习的文化中激励学生？

分数可以（也确实能）激励一些学生。从表面上看，学生知道分数是他们申请所选择的高等教育机构的必要条件。如果学生看重这条路，那么分数似乎是一个激励因素。甚至年纪更小的学生也知道，他们的父母和照管者非常关注（有时是过度关注）成绩单上的分数。只要学生关注自己家人对学业成绩的看法，那么无论年龄大小，分数似乎都有激励作用。在家庭和社会中，分数的作用和影响

一直都是强有力的。

挑战在于，并非所有的学生都有相同的目标，并非所有的家庭都以高分为傲，也并非所有的学生都相信自己有能力取得高分。此外，获得高分的动机似乎更多是为了获取（acquiring），而不是受益（earning）或学习，等级的意义往往是不明确的。传统上，等级是通过各种方式获得的绩点（比如额外的学分或奖励）的产物，这可能会无意或有意地传递出这样的信息：得到绩点才是最重要的。

教师可能永远不会完全放弃对取得高分的强调，但要让分数和学习保持一致，与学生一起澄清期望和成功标准可能是一种更有效和高效的方法。例如，如果等级是学习的反映，那么获得更高等级的动机就没有什么问题，因为只有一条途径可以实现学习目标；学生必须知道得更多，做得更多，理解得更多。当然，这实际上是关于评估的总结性目的，在这种评估中，证据被用来验证已经发生的学习，然后向他人报告学生的成绩。若是出于形成性目的，情况就完全不同了。

古斯基（Guskey，2011）认为，等级、分数和层次划分会抑制而不是激励学生的学习。获得较低等级的学生没有更大的动力去达到更高的水平。如果学生念念不忘等级，那么在形成性过程中运用等级可能会导致他们安于现状，这会对持续的学习过程产生伤害。这就是评估目的如此重要的原因（有关评估目的的更多信息，请参见第三章）。形成性评估的目的是通过运用描述性反馈来诱发更多的学习，这种反馈明确了学生下一步要采取的行动。只有完全被理解的目标才能得以实现，因此明确接下来的行动，并明确学习目标本身，有助于激励学生。教师应该确保他们的评估实践能增强而不是削弱学生的动机。最有效的做法之一是确保成绩只反映学习情况，而不是其他因素。这会使得课堂上的两类学生——受等级驱动的学生和受学习文化驱动的学生——更趋于一致。

**相关原理**：精准解释，结果的交流

**主题**：反馈，报告，学生参与及动机，总结性评估与评定

## 难道分数不是褒奖成就的最好方式吗？如何在课堂中有意义地褒奖成就？

分数是褒奖成就的好方法。如果教师仅仅根据学生的学习质量来确定分数，如果等级最准确地反映了学生的掌握程度，那么，更高的分数的确可以褒奖学生的成就。但这有两个大的前提假设。

第一，一百多年的研究都表明，教师确定的分数混合了学术和非学术因素（Bowers，2019）。这意味着，尽管在21世纪教师群体的评估素养有了提升，但是教师给出的分数通常（直接或间接地）还包括态度、努力、整体行为和成长等方面。再加上教师在将所有这些因素纳入考虑时通常不会用同样的态度对待它们，因此得到的结果会不一致，至少是不透明的。由于分数不透明，学生可能不知道被褒奖的到底是什么。

第二，即使分数是一致的，教师如何确定分数也是一个关键。确定分数的传统做法通常是将新旧证据加以平均（例如，获得一次40分需要再获得一次80分才能最终获得60分）。如果这样做，结果就很少能反映学生的真正技能或理解情况。为了确保学生在学习中获得全额学分（full credit），教师必须重新设计他们确定

分数的方式，以确保学生的分数反映他们对学生熟练程度的了解（Schimmer，2016）。这需要将最近的分数作为掌握程度的更有力的证据，且不能惩罚学生早期所犯的错误。

如果分数能真实反映学生的学习情况，那就值得褒奖。然而，还有更好的——至少是更详细的——方式来褒奖学生所取得的成就。例如，进步也可以是一个有意义的褒奖理由。虽然有些学生可能在成绩排名表上位置靠后，但他们可能真的在学年中取得了巨大的进步。这种进步也需要褒奖，因为尽管分数不高，但坚持学习所需的自制力和学习理念是值得尊敬的。其他褒奖成绩的方式还包括认可那些与其他学习建立了独特联系的学生以及那些以新颖独特的方式运用所学、关注学习本身而不只是武断地关注分数的学生。例如，如果学生被鼓励设定学习过程中的阶段目标，他们就可以用对自己有意义的方式经常地庆祝这些目标的实现（White，2022）。

这并不是说分数不应该被褒奖；相反，它们应该。但是，只对一个（或多个）总结性符号进行褒奖，会忽略很多——更重要的是学生成为什么样的人——本该被褒奖的东西。

**相关原理**：结果的交流，精准解释

**主题**：成长型思维，报告，总结性评估与评定

## 为什么不能根据成长或个人的最好成绩来评分或评估学生呢？

基于标准的教育旨在确保所有学生都能有机会实现高期望。如果没有这些标准，偏见和低期望就会导致成就差异以及教育经历和

学习中的不平等。评估以及关于结果的交流必须聚焦于学习，反映学生在这些标准上知道什么和能做什么。一旦教师偏离这条道路，结果的交流就会变得不准确，最终变得不公平。教师分享的关于学生学习的信息应该反映学习与标准的关系。以标准为基础也排除了常模参照的评分方法——即只有一定数量的学生可以达到最高水平，为此，要有意安排评分标尺，以确保大多数学生处于中间的某个位置。

这并不意味着教师传递的信息只能是学生相对于既定标准的表现情况，而不能涉及学生成长或进步的信息；相反，肯定应当交流那些信息。但教师不必在此做二选一。当教师将多项指标平均为一个成绩时，或者当他们将外加的学分或行为纳入成绩时，学生学习的真实水平是不明确的。将学生在学习进阶中的成长信息纳入成绩——例如，就标准所涉及的每一个学习目标提供反馈——有助于学生了解自己相对于标准处于何处。对于学生，关于个人学习成长的信息应该是过程的一部分，而不是目的地本身。

**相关原理：**精准解释，评估目的

**主题：**标准，总结性评估与评定

## 如果学生没有达到年级水平，如何用年级水平的材料来评估？

着眼于高期望值，且坚信所有的学生都需要达到年级标准或能力要求，这是至关重要的。因此，教师个体和团队必须审查他们所教的课程、作业和评估，以确保思维水平与年级水平的要求一致。

这是高期望值的基础，并为在教学中运用最强大的、高杠杆的学习策略奠定了基础，学生需要这些策略才能茁壮成长，并最终达到高水平。

一旦教师确立了年级水平的期望值，教师个体和团队就应该创建一个学习进阶。进阶涉及一个问题：达到年级水平的期望值需要什么样的知识和技能？这一过程有助于教师设计年级水平的总结性评估，并为捕捉学生在进阶中的学习需求而创建形成性评估过程。教师可以分析学生的作业，以了解学生在哪些方面需要额外的时间和支持才能迈出下一步。在大多数情况下，学生在完成当前年级水平的任务时，才能看到自己存在的误解以及需要采取的下一步行动。如果他们很难独立完成任务，需要一些提示，这就是他们需要支持的一个信号。如果他们在年级任务上做得不好，没关系，收集到的形成性信息会让教师知道需要什么样的重新教学或反馈来进行下一步学习。

有时候，将年级水平作为起点并严格聚焦于此，会让学生感到不知所措。学生有不同的经历和技能水平。评估学生当前处于什么水平，这对教师很有诱惑力，即使学生尚未为年级水平的评估做好准备。在很多情况下，远低于年级水平的学生从来没有接近过年级水平的目标，最终只能对基本技能或先备技能进行训练。

如果学生想要达到高水平，就必须首先看到结果，以知道自己的目标是什么。然后，教师可以为他们实现目标提供行动方案。这意味着教师必须相信自己和同事，必须利用形成性评估来支持自己在学习过程中的决策。教师有知识和技能来引导学生实现更高的期望。通过确定年级水平的期望值，设计反映学生需求的评估，并及时满足这些需求，每个学生都可以达到年级水平的学习目标。

**相关原理：**评估架构，教学灵活性

**主题：**差异化，形成性评估，总结性评估与评定



## 何时可以开始教授新的内容？

虽然目标是让每个学生掌握每一个重要的标准，但现实是，有些学生可能无法在规定的时间内完成基本学习（essential learning）。教师团队创建的评估计划是整体教学计划的一部分。他们安排时间以让学生有多种机会来分享自己学到的知识。这种计划要明确团队将分析哪些评估以确定教师的教学决策对学习的影响，并在单元或规定时间结束前对教学进行调整。如果有些学生没有在规定的时间内完成基本学习，教师应该允许他们继续学习课程，并开展下一步重要的学习。教师和团队监控这些基本学习的进展，并为学生安排继续重温最重要的学习内容的机会。通过明确基本学习，教师可以根据内容与新学习单元的联系及时确定复习内容的时间点。学生也应有额外的机会来证明他们对上一单元的掌握程度。例如，在数学课上，章节测验分数可以被单元测验分数取代，后者可以借助章节学习目标加以分解，单元测验分数就可以取代之前的分数。这可能需要在随后的内容中提供一些额外的支持，但教师不应该剥夺学生学习新信息的机会。通常情况下，一旦学生接触到新的信息且得到额外的时间，就可以掌握之前的标准。在稍后的时间为学生提供另一个证明掌握的机会，并运用更新过的评估信息，有助于准确地把握学生当前的理解水平。

教师团队可以讨论如何最好地支持这些学生，如何继续在以前所教标准上提供补充性教学。优先事项应是确保学生接近年级水平的标准，并通过不断循环为他们学习和获得所需的支持做好准备。如果教师在开始一个新的教学单元之前就有目的地计划重教和重评机会，那么这些机会更可能对学生有用。教师可以安排时间进行复习或拓展，或者只是通过形成性评估和课堂学习活动来复习以前的内容。当其他人还在努力掌握以前的内容时，让学生继续前进当然是一个挑战，但为了保持课堂的严格和公平，教师必须继续为学生提供学习年级重要标准的机会，并为他们掌握这些标准提供所需的支持。

**相关原理**：评估架构，教学灵活性

**主题**：干预与指导，进度指南，重评，总结性评估与评定

## 什么时候评估会“过时”？如何知道何时需要做出一些改变？

对于学生和教师来说，传统的“教—考—教—考”的循环圈很快就过时了，尤其是当测验仅限于纸笔测验时——那只会产生评估性的分数，且不认可纵向改进。此外，如果评估的结果不能反映学生的技能和理解，那么是时候探索收集评估信息的新方法了。

如果设计得当，评估就不会过时。科技和信息的快速变化要求教师运用新颖的适合时代的评估策略——如果我们期望学生能以学校围墙之外的真实世界中的行事方式来参与，评估策略尤其需要更新。

如果教师对收集学生学习准备的证据感兴趣，那么所用的评估问题、提示、线索和任务应当是真实和及时的。他们应该以能支持持续改进的有意义的方式来运用从正式和非正式活动中获得的证据。这些证据可以包括形成性评估、对学生的观察、与学生的对话、学生作业以及无数其他的学习产品。

如果学生觉得他们的努力对他们的长期学习结果产生了影响，他们的反馈是无价的，那么评估体验就不再是一个关注点，而是学习和成功的一个自然过程。这种方法永远不会过时。

**相关原理：** 评估架构，评估目的

**主题：** 形成性评估

## 让学生们为毕业后的生活做准备是我工作的一部分吗？学习文化中的评估如何做到这一点？

教育的目的是为学生提供成为独立和有生产力的公民所需的技能和知识。为了达到这一目的，不同学生要做的事各不相同。人们经常会说，为学生提供重评或修改作业的机会“并不能让他们为现实世界做好准备”。真实情况是，一个人不能重新参加考试或再次尝试以得到更好的结果，这种情况在生活中极少出现，无论是驾驶执照考试还是医学委员会的考试。事实上，做这些事情就是在展示一种学习技能，即如何了解并考察当前学习状况或评估信息以决定如何前进的技能。在这种情况下，学生必须承担起责任，去重新学习，并继续学习以取得成功。然而，教师必须教会学生如何做到这一点——这必须成为学习文化中评估设计的一部分。

要教会学生如何坚持学习，可以考虑以下策略。

1. 教学生如何反思他们第一次没有达到预期的经历（一次测试，一个题目，等等），然后让他们在新的学习后订正或再次尝试。结果应该表明，学生已经真正掌握了教师认为重要的知识和技能——或者至少在这一过程中取得了进步。

2. 帮助学生理解学习是重要的，学会学习是为他们高中毕业后的生活做准备。真实的世界需要我们学会应对失败，或没有做得像我们想要或需要的那样好的情况。当学生没有把事情做好时，教师应提供时间和支持，以确保他们成长和修正他们的学习（聚焦于重要标准，而不是所有内容）。通过给予学生机会来练习负责任的行为，如重新学习和在重考之前展示对缺失技能的掌握，教学生学会承担责任。

这些策略可以确保学生在学习内容的同时，也能学到有关自我效能感和责任的宝贵功课——这些功课是他们在课堂之外的生活中需要了解的。

**相关原理：**评估目的，学生投入

**主题：**重评，严格性和认知复杂性

## 如何在课堂环境中识别评估的变化？我将会看到什么？

课堂评估实践中富有成效的变化将为教师和学生带来更积极的体验——例如学生和教师有效地合作以掌握学习目标——因为评估决策在大多数时候能推动学习。学习和评估显然会与标准和其他学习目标联系起来。如果做得好，评估过程能够支持学生掌握所需要的技能和知识的发展。这种向精熟或掌握迈进的进程会体现在教学计划、评估工具和学生作业的展示中。应该将掌握的标准嵌在实践、自我反思和形成性评估过程中，让教师和学生去体验。一个具有内在一致性的（aligned）、健康的评估系统将使学生有信心迎接总结性评估。通过精心地排序和支架式的支持，学生会感到准备充分，这将在他们的举止和语言中得到证明，可以通过各种评估工具（如出门卡[①]、轶事记录、评分规则或检核表）显示出来。

教师可以利用评估经验来做出决定并提供反馈，例如创建灵活多样的课程和学生分组。学生会清楚地了解分组的目的和学习目标是什么。他们将有明确的方向，加大投入的力度。他们的语言将是积极的，所做的选择是有目的的，会表现出更强的独立性。他们会承担起自己学习的责任，而教师则在其中扮演伙伴的角色。

如果学生的学习体验并没有因为评估实践的变化而有所不同，那么就需要更多的变革以促使整个评估体系适当地运行。最终，评估实践和信念系统的最佳实践变化能为学生带来深刻而有意义的学习。

**相关原理**：评估架构，评估目的

**主题**：形成性评估，学生参与及动机，总结性评估与评定

① 出门卡（exit card 或 exit ticket），教师了解学生学习情况的一种工具，学生在课堂结束前的几分钟内填写，离开教室时交给老师。

# 干预、合作团队和领导中的学习文化



## 评估和干预反应之间有何联系?

评估是驱动干预反应(response to intervention, RTI)连续体的因素。RTI 的基本理念:任何干预的强度都必须与当前挑战的强度相匹配。如何确定适当强度水平下必要的干预措施,取决于用以指导决策的评估信息。RTI 涉及正确识别需要干预的学生以及特定需求,设计并有效地提供干预措施,监测干预措施的成功,并在必要时根据数据进行必要的调整。巴法姆、马托斯、马隆(Buffum, Mattos, Malone, 2018)认为,同样重要的是,要知道有效的干预系统必须建立在强大的核心教学(core instruction)之上。在第一级(Tier 1),通用的方法是创建让最大数量的学生取得成功的学习环境,而健全的评估和评定实践就是这种方法的一个有机组成部分。第一级如果没有最成功的实践,教师和学校可能会留下大量需要第二次干预的学生。通过持续的教学、评估和差异化以及定期和有目的的监控,教师和学校可以确保最大数量的学生取得最大的成功。

那些做出了最大的努力,但依然需要在一级核心教学之外的额外支持的学生,将需要二级支持,这种支持通常以有针对性的、基于小组的干预形式开展。除典型学习周期内的第二次机会外,二级干预(Tier 2 interventions)措施侧重于学生的具体、有针对性的需求,而可靠的评估实践揭示了这些需求。这些干预措施通常是基于小组的,因为很可能几个学生有相同的学习需求,使得基于小组的方法对学生和教师都更有效。评估不仅揭示了哪些学生需要二级干预,而且需要增加第二级内的监控频率以获取准确和可靠的信息,确保教师忠实地开展基于证据的实践，从而使这些实践能产生预期的结果。

如果评估结果显示，有些学生在二级干预之后依然需要支持，那就要进行三级干预，这是针对每一个学生的个性化的干预。在这一层级上，需要增加干预频率——二级干预通常每周进行 2~3 次，三级干预往往每天进行（Buffum et al.，2018）。如果不止一个学生有相同的需求，三级干预可以小组形式来实施，但这些小组不能太大，以确保逐渐个性化的干预。对于那些第一和第二层级干预仍无法满足需求的学生，需要具体、详细的评估（如功能性学业评估），以确定能满足他们的重大需求的最有效和最高效的策略。

再次强调：任何干预的强度都必须与呈现出来的挑战的强度相匹配。如果不这样做，干预就注定要失败。可靠的评估实践能向教师和学校提供具体的信息，让他们知道要给予多强的干预，要满足哪些具体需求。评估是驱动有效和高效的 RTI 连续体的引擎。

**相关原理：** 教学灵活性，精准解释

**主题：** 反馈，干预与指导，干预反应

## 要确保合作团队中形成一种学习的文化，需要做什么？

致力于学校或学区范围内的专业学习共同体的合作团队是教师要做的最具挑战性的工作之一。与大多数挑战一样，成功的合作需要共同的承诺和准备以及监控和反馈。教师往往认为，时间是合作的唯一障碍，一旦系统创造了共享时间，合作自然就会随之而来。

教师习惯于每天与他人一起工作，但不一定习惯于以一种聚焦于学习及结果的方式与他人合作。为了发挥有效合作的力量和潜力，团队必须采取一些正式的行动。

首先，合作团队应该采取的行动之一是建立规范，正式描述团队将做什么以及如何做（杜富尔 DuFour et al.，2016）。按时完成和确保参与等基本规范很重要，但团队也应该就合作中更困难的方面进行对话，比如管理冲突、利用彼此的优势以及自由地分享信息。卡桑德拉·埃尔肯斯和埃里克·特沃德尔（Cassandra Erkens，Eric Twadell，2012）描述了建立规范的四个重要方面：（1）围绕尊重等模糊的术语达成共识；（2）确保团队的所有成员都同意规范；（3）讨论团队如何让彼此对规范负责；（4）确定当一个成员与其他成员意见不一致时，团队工作如何继续推进。

其次，合作团队还会面临一种挑战，即对团队将要从事的工作缺乏清晰的认识。团队应该不断回顾他们的目标及尝试的结果。例如，团队检查评估结果（来自共同评估的学生作业以及按学生和按目标来整理的数据）的目的是了解团队所采用的教学策略的有效性，确定学生个体和群体的学习需求，并设计教学以确保学生达到基本标准。审查评估数据不是为了评估谁是更好的教师。当挑战和困难出现时，关于目标的讨论可以帮助团队回到正轨。《以设计来引领》（*Leading by Design*，Erkens & Twadell，2012）提醒我们，富有成效的团队要超越字面规范，深入开展影响学生学习的对话。

最后，合作团队应该持续监控合作的效能，并关注持续出现的需求（DuFour et al.，2016）。创建规范和陈述目标通常是在合作团队最初形成时进行的活动。现实情况是，团队应该像对待一朵娇嫩的兰花一样呵护和关注他们的合作。随着条件或团队成员的变化，团队应该重新审视这些创始资料，不要害怕为持续成功做出必要的改变。团队可以在合作期间使用这些资料——它们可以成为帮助新成员理解团队目的和工作的强大工具。

**相关原理：**评估目的，教学灵活性

**主题：**合作，专业学习共同体

## 领导者在评估改革中扮演什么角色？

领导者必须知道自己在说什么。进行教学领导就是成为变革的领导者，这需要有一定能力来有效和真实地参与关于变革的对话。领导者不需要成为组织中的专家，而且当教师实施新的实践时，领导者也不必作为专家，但需要有足够深度和广度的理解，才能为变革做出有意义的贡献。领导者通常是第一个发现学校和系统内部需求的人，当预期的结果出现时，他们也应该是主要的褒奖者。在这种情境中，具备评估素养是必需的。

同样，领导者是教师合作所依赖的基本结构和支持措施的保护者，需要确保内部一致来支持评估改革。这些机会往往会带来金钱上的影响，这意味着领导者要通过预算分配来标明优先事项——如果评估改革是一个优先事项，那么领导者就要分配时间和金钱来服务于这一变革。

最后，领导者要倡导评估改革。几乎毫无例外，当评估和评定系统发生变化时，来自家长、学生、社区甚至系统内其他人

（如学区工作人员或其他学校）的质疑都会出现。有时这些质疑是为了澄清，但有时这些质疑是伪装成询问的批评。当质疑发生时，无论其大小，领导者都要支持为评估改革做的努力，并为教师探索更准确和有意义的方法，以最大限度地为利用评估来服务学习铺平道路。

显然，对于必须加以清扫的障碍，领导者所处的情境和地位至关重要，但借助于提升评估素养，创造内部机会以推广评估改革，为新观念提供外部支持，领导者将在确保评估改革成功方面发挥巨大作用。

**相关原理**：评估目的，结果的交流

**主题**：合作，领导，专业学习共同体

## 创建远程学习环境中的学习文化

可以肯定的是，教师整日都无法与学生面对面交流的情境给教师们带来了更大的挑战。然而，如果教师有意识地围绕学生的期望来表达，所采用的评估系统与重要的学习目标保持一致，能与学生分享甚至共同构建成功标准，且所有计划和教学始终坚定地聚焦于有针对性的成长和支持，那么，他们就能创建一种充满学习的文化（learning-rich culture）。

为了确保远程学习真正注重学习，教师可以考虑以下做法：

1. 确定一些重要的、有针对性的学习目标，并让学生及其家人知道学习经历和评估过程的联系。

2. 运用范例和学生易于理解的语言与学生共同构建成功标准（质量描述）。

3. 小心使用语言——避免使用遵从性和完成性语言，而是按照预期的目标（技能和理解）来安排每项任务和学习经历。例如，不要说“今天，我们要做”，而是说“今天，我们要学习”。

4. 为学生提供充分的冒险、做决定和从错误中恢复的机会。只要焦点仍然停留在每个学生的高成就水平上，文化就是充满学习的。

虽然在远程学习环境中，教师可能会觉得有许多因素（公平性、可获得性、准确性等）超出了自己的控制范围，但他们可以控制他们所培育的文化。

第三章

# 评估目的

评估可以服务于多重目的。它可以提供关于学生思维和技能发展的洞察，以开展有针对性的教学和支持，从而提高成就（形成性评估）；可以成为学生进行自我反省和设定目标的跳板（形成性自我评估）；可以深入了解学生独立、自信和决策的发展状况（形成性评估）；可以让教师做出专业判断，查证学生技能和理解程度（总结性评估）；还可以用来总结目标领域的成就，以便进行报告和系统决策（总结性评估）。

此外，评估的目的可以随着时间的推移而变化，使形成性信息成为总结性信息，反之亦然。评估目的之间可变且紧密的联系要求形成性和总结性评估活动的相互依存，以最大限度地促进学习和验证学业成就。

明确评估的目的对确保评估发挥作用至关重要。作为强有力的评估体系的一部分，教师、学生、家庭和利益相关者必须清楚每次评估过程的目的，并采用反映其预期目的的方式进行评估。对于一个能为学生保持希望、效能感与成就的强有力的评估系统，目的和用途之间的一致性是一个关键指标。

## 评估目的

### 评估目的是什么意思？

评估目的与教师如何运用评估结果有关。评估目的不取决于评估规模的大小，也不取决于分数是否记录在成绩单上，或者何时进行评估。通常情况下，每次评估都会揭示学生的优势和需要加强的方面，但教师如何根据这些信息采取行动（即使是回顾过去）决定了评估目的。

在进行任何评估之前，教师应该问的最基本的问题是“为什么”——为什么我需要由评估所引出的信息？这个问题的答案将揭示预定的评估目的，同时，反过来又能明晰评估后应采取的行动。

如果教师确定评估目的是明确优势和需求，并为学生提供关于如何改进的具体反馈，那么评估目的就是形成性的。如果教师确定评估的理由是为了验证学习已经发生，并就此与学生和其他利益相关者沟通，那么评估的主要目的是总结性的。

> **相关原理**：精准解释，教学灵活性
>
> **主题**：反馈，形成性评估，总结性评估与评定

### 为什么在设计之前明确目的很重要？

评估能指导行动，因此知道评估目的可以明确教师在得出结果

后将要采取的行动。在设计之前，基于所需要收集的信息和可能会做出的决策来澄清目的，可以让教师知道评估应当聚焦于细节还是整体。

形成性评估的目的需要非常具体的信息，因此教师要设计评估，以寻求与学习目标、优势和需要加强的领域相关的具体信息。评估题目需要分别考虑知识、技能和理解，以便向教师提供为什么学生可能会遇到挑战以及学生下一步该做什么的信息。虽然形成性评估的目的可以用于标准（结果、能力）水平，但更多的时候，它关注的是支持学生沿着学习轨迹达到标准的课程基本内容。

总结性评估的目的需要的是有整体性和认知复杂性的信息，因此，教师需要设计评估题目，要求学生在与标准相符的复杂性水平上整合所有的个人所学。虽然分解标准是实现形成性目的的常见方法，但不太常见的做法是为总结性目的重新整合标准。总结性评估不是孤立的形成性评估的总和；相反，它是应用、综合所有技能和理解而进行的整体展示。

**相关原理：**评估架构，教学灵活性

**主题：**反馈，形成性评估，总结性评估与评定

## 为什么要评估学生，我们能从评估中知道什么？

教师通过对学生进行评估来收集证据，用以支持有关教学反应和建立学生投入的决策（形成性评估），并验证学生对标准的掌握程度（总结性评估）。明确评估的目的是很重要的，这样教师才能

清楚地为自己和学生构建评估经验。以下是教师可能会问自己的一些关于评估的问题：

1. 评估证据的哪些方面表现出学生的优势？

2. 评估证据的哪些方面表明了学生的需求？具体的需求是什么？

3. 学生遇到困难的根本原因是什么？他们为什么要做出这样的决定？

4. 学生表现出来的技能掌握和理解达到了何种程度？

5. 关于学生的参与度、动机、独立性、兴趣和信心，评估证据呈现了什么样的信息？

6.（教师和学生）如何用收集到的信息来调整接下来的学习？学生需要反馈、练习或者额外的指导吗？

7. 学生如何拓展他们的思维和技能？如果很早就能熟练学习或表现出一种愿望，他们如何更深入地参与学习？

8. 行为如何影响学习成绩，同时，学习成绩如何影响行为？行为又如何影响信心和参与度？

9. 当教师报告时，证据能表明什么？关于最近和一贯表现出来的优势和需求，证据揭示了什么？评估证据如何支持有效可靠的专业判断？

重要的是要记住，最终，评估可以明确在特定时刻学生的技能和理解与特定目标的关系。教师收集和分析评估信息，这些信息可以作为所有决策的基础。以这种方式运行的评估是教师日常工作的自然组成部分。澄清评估目的可以使教师更有效地利用评估结果。

**相关原理：**结果的交流，学生投入

**主题：**形成性评估，总结性评估与评定

## 如何确保评估不只是成绩单上的另一个分数？

如果教师希望评估能推动学习，希望学生的成绩单反映他们当前的学习状态，那么教师根据所收集的评估信息做出的决策和所采取的行动就需要反映这些目的。如果教师不去运用所收集的信息，那么评估就会变成成绩单上的另一个分数。如果他们进行评估，然后简单地输入一个分数，那么评估就会仅成为输入的那个分数而已。

然而，当教师进行评估并在第二天将学生分组以满足他们的特定需求时，他们已经改变了评估。当教师在一次评估后邀请学生反思并设定目标时，评估过程的目的就从总结性评分转变为形成性回应。当教师把成绩单作为与家庭进行更广泛对话的一小部分时，分数就会成为更深入、更丰富对话的催化剂。最后，教师确定评估对他们自己、学生及其家庭的意义。他们的行为会传达意图。

**相关原理：**结果的交流，学生投入

**主题：**形成性评估，报告，总结性评估与评定

## 对评估素养的关注难道不是另一种教育时尚（educational fad）吗？

当然不是。只要有教师、学生和学习期望的存在，就会有评估。发展对评估各方面的深刻理解和能力是教学有效性的基础。评

估工作需要精准的、深思熟虑的教学投入，这种投入最终形成有价值的产出，以促进持续的深度学习。因为评估从来不是完美的，所以总是需要研究和完善教师的技艺、知识和技能。

在学习过程相关的活动中，评估处于核心位置。它与课程决策、教学操作、标准要求、评定和报告、差异化、干预系统等相关。鉴于此，教师必须始终高度了解并熟练运用评估素养。

**相关原理：** 评估架构

**主题：** 领导，标准

## 平衡的评估系统是什么？

如果学生的课堂体验中兼有用于形成性和总结性目的的评估，平衡的评估系统就产生了。一个平衡的评估系统意味着有足够的形成性评估、反馈、重新参与和改进。这样，当总结性评估或验证（verification）发生时，学生已经做好了充分的准备，为在总结性评估获得成功而学习了最重要的技能，形成了适当的理解。

平衡的评估系统的观念可以扩展到学区层面。在这种情况下，系统收集广泛的评估证据，用以制定战略决策来支持系统内每个学生，让他们取得最佳学习效果。这些证据可以包括任何可用于决策的标准化评估。然而，学区层面的平衡的评估系统也认可教师设计的评估对学生学习的最大影响。在一个平衡的系统中，教师要参与日常形成性评估、共同形成性评估（common formative assessment）以及他们自己设计的总结性评估来推进学习。

**相关原理**：结果的交流，学习文化

**主题**：形成性评估，总结性评估与评定

## 管理者如何帮助教师理解评估的不同目的？

除通过读书、工作坊、会议等一系列专业学习机会外，管理者必须确保没有任何政策或惯例（书面的或不成文的）限制教师在课堂上创建平衡评估系统的机会。例如，要求教师每周最少进行几次打分的政策可能会在不经意间分散他们对真正重要的事情的注意力。尽管这些政策的初衷是让家长们通过在线成绩单了解学生的最新情况，但评分的人为性质（比如每周每班两次评分）可能会导致教师仅仅因为必须更新成绩单而进行总结性评估——而此时可能并非验证学习的最佳时刻。这不是一个进行总结性评估的充分理由。同样不适当的是，成绩单的更新间隔很久且不规律。这就是为什么平衡是关键。

管理者需要让教师知道，必须保持对学习而不是遵从的集体关注。尽管评定可能是评估系统的必要组成部分，但评定不应该推动或主导学习文化。让教师通过合作来澄清在合适时间证明学生学习（总结性目的）的多种灵活方法，有助于实现公平，并让教师和学生清楚这些方法。合力创建评估系统，将评估主要作为一种教学实践（形成性目的），这将缓解限制性政策可能带给教师的焦虑。为教师创造机会，让他们合作开发并运用评估来支持教学行动，有助于教师将注意力集中于下一步学习，而不是成绩单的下一次更新。

**相关原理**：评估架构，结果的交流

**主题**：领导，报告，总结性评估与评定

## 如何帮助利益相关者了解评估的不同目的？

利益相关者——尤其是学生——是否理解教学的技术语言（形成性评估与总结性评估）并不重要。重要的是把评估理解为一段旅程，能让学生随着时间的推移而进步。好消息是，任何看过别人学习走路、阅读或数数的人，或者自己学会开车、磨炼一项技能或完善一项爱好的人，都能直观地理解成长是随着时间自然发生的，且所需时间因人而异。

教师面临的第一个挑战是帮助学生和家长了解他们是如何监控的，并让学生随着时间的推移而进步，最终达到掌握程度。第二个挑战涉及教师如何以可视化的形式分享信息，以便所有利益相关者都能看到进步轨迹，并在成长停滞在低熟练水平或出现螺旋式下降时进行适当干预。

要解决第一个挑战以让学生利用评估来改进学习，必须具备三个条件：（1）有吸引力和有目的的评估；（2）有针对性的、能回应需求的任务；（3）诊断性反馈（而不是分数）。

1. 如果评估有吸引力（有趣的、有重点的、能够及时完成的），教师就能让学生投入。

2. 如果学生被允许使用自己的数据来决定自己下一步学习所需，教师就能培养学生的主体意识。

3. 如果使用诊断反馈来促进学生的学习并为他们的最终成功导

航，教师就在做出帮助学生掌握的承诺。因此，如果提供分数，就需要让学生知道自己可以通过许多评估来超越最初的熟练水平。强有力的诊断性反馈（有洞察力、有针对性和支持性）应该能让学生有动力去持续尝试。

第二个挑战是以可视化的和及时的形式共享信息，形成可视化的增长轨迹，这需要具备以下三个条件：

1. 能让教师在以后的工作中熟练使用特定的模式进行评定的评分政策。

2. 能赋予教师更强大的专业判断权，而不是用标准的数字算法来做出最终评定的评分软件。

3. 能将数据转换为可视的学习轨迹的评分软件或基于网络的交流系统。

对于学习旅程中的后续行动，学生从每项评估中得到的结果非常重要。如果教师能够运用反馈和熟练水平来让学生和家长关注学习期望并明确下一步行动，那么利益相关者就不太可能关心评估的目的。

**相关原理：** 学习文化

**主题：** 反馈，家庭作业，总结性评估与评定

## 前评估的目的

### 每个教师都要进行前评估吗？它是支持学习所必需的吗？

前评估（Preassessments）有支持学习的潜力，但它不是所有时候都必需的。最常见的是，教师会采用前评估来搞清应具备的前

备知识（概念性理解）和技能，或者用以形成在一个学习单元内所需的学习的基准。

教师可以用多种方式设计前评估，前评估可以服务于许多目的，它的结构、意图和用途也因学科而异。也许科学教师想知道学生对原子有什么了解，或者他们更感兴趣的是学生在提出论据方面有多强。在这种情况下，从学习的角度来实施前评估将有助于确保它在短期和长期内为学生和教师服务。数学课的前评估可以通过检查前备技能来确定学生的准备情况。然而，在语言艺术中，上一次提交的作文的总结性结果可能会明确指示教师下一步的教学方向，因此不需要正式的前评估。在社会研究中，概念是全新的，前备技能较少，教师可以在教学之前采用前评估来激发好奇心，发现学生的朴素理论或常见误解。是否需要运用前评估，取决于教师需要哪些信息以及如何运用这些信息。

**相关原理：** 评估架构，学生投入

**主题：** 前评估，学生参与及动机

## 为什么要在没有教学生相关材料的情况下进行前评估？它能告诉我什么呢？

绝大多数时候，前评估被简单地视为展示成长的第一步。可以预见，学生的学习会在教学之后得到提高。实际上，前评估的重点应该是生成信息，以提高教与学的有效性，并关注学生的学习需求。前评估可以也应该根据标准、学生和学习目标而采取不同的形式。

前评估可以为教师设计和改进教学提供有价值的洞察。教师个体和团队应该花时间分解标准和内容，以明确期望。这有助于确定学生掌握新材料所需的前备知识和技能。如果前评估整合了之前的教学内容或标准，那么这些整合就能为教师提供重要的信息，有助于指导教学并使教学效果最大化。

如果标准涉及一些类似的理解技能（主要观点或推断）的内容，而这些技能在之前的年级、课程或者单元中已经教授过，但在当前的课程中涉及更复杂的内容，那么前评估可以使用简单的文本来关注这些技能。这将有助于教师了解并理解学生的熟练程度以及他们为新课程带来了多少背景知识。

前评估可以采用许多不同的形式。它可以是单元开始时的一个小测验，也可以是小组“头脑风暴”。教师甚至可以在当前单元的出门卡中提出一个与下一单元的前备知识相关的问题。包含以前学习内容的出门卡可以为学生提供一个复习所学内容并在不同标准之间建立联系的机会。

前评估也是教学本身的一部分。教师可以在日常课程中加入有意设计的讨论题，以更好地了解学生接受新内容的知识水平。

**相关原理：**评估架构，教学灵活性

**主题：**前评估，总结性评估与评定

## 如何使用前评估？

前评估的“前”指的是教师实施这种评估的时间以及他们如何处理结果。前评估应在重要的目标领域教学之前实施，目的是让教师和学生做好预测教学需求的准备。

在某些情况下，前评估已经演变为教学之前实施的、为教学结束后的评估提供比较标准的评估了，最终是为了显示增值。然而，这种用法更适合成年人而不是学生。诚然，评估系统希望跟踪学生整个学习周期的成长，但前评估最真实和最适用的目的是预测学生的优势和需求，以便尽早设计应答式教学。

教师可以使用前评估来对学生进行有目的的分组，以满足特定的学习需求。学生自己也可以使用前评估来跟踪自己在一个单元课程中与学习目标相关的学习进步。前评估可以确定学生是否具备深入探索主题所需的前备技能。在这种情况下，教师可以使用前评估来计划用以缩小学生个体准备性差距（gaps in readiness）的干预措施。他们还可以使用前评估来确定优势，并在学习过程中让学生成为彼此的支持。

重要的是要记住，与任何形成性评估过程一样，只有当教师对所收集的信息采取行动时，前评估才有用。如果评估结果不为未来的学习服务，那么前评估的过程就会被严重局限了。反过来，如果教师利用前评估的结果吸引学生参与评估对话，支持教学设计，以促进学习的方式对学生进行灵活分组，并褒奖学生已有的优势时，他们就是在以丰富学习的方式利用前评估的力量。

**相关原理：**评估架构，结果的交流，学生投入

**主题：**前评估，学生参与及动机

# 标准的目的

## 为什么要选择基本标准？不应该教所有标准吗？

选择基本标准是恰当的。然而，理解这种选择意味着什么也很重要。基本标准不是所要教的唯一标准，但它是教师确保学生学习的标准。基本标准实际上决定了教师如何分配教学时间。

教师不可能教所有东西，也不能保证学生学到所有东西。在学习相关标准时，一些学生经常缺乏深入的理解和技能；教师很容易陷入这样一种认识："我教了，但他们就是没学会。"在一种学习文化中，教师将基本标准定位为必须保证的学习，这意味着这些标准将得到特别多的关注，直到所有学生都达到要掌握的水平。这是以分配给其他标准的时间为代价的。教师团队确定基本标准，这些标准会延伸到未来单元和未来年级水平，是跨内容领域的关键技能，并且超越了任何单一单元或测试的范围。如果存在大规模的评估，基本标准也有助于理解哪些标准要被重点评估。教师不会忽视那些不重要的标准，他们只是优先考虑要确保所有学生都要学会的东西。

保证所有学生都能达到基本标准具有重要意义。对于这些基本标准，教师团队需要提供最多的反馈、最有针对性的指导和干预。基本标准（甚至是基本标准中最具针对性的标准）将是共同形成性评估的焦点，同时也是共同总结性评估的重点。

教师应该有意地将所有基本标准安排到各个单元。教师团队坚持不懈地为学生提供关于这些基本标准的反馈和干预，整合教授但不一定强调那些不那么重要的标准。这有助于培养学生的自信并助力于他们的学习，因为他们的老师也专注于最重要或最基本的学习。

有太多的标准来保证所有学生都能掌握每一门课程，而这些标准与其说是一份清单，不如说是一种整体的学习经历。因此，当所有的标准都放在单元内时，教师团队要选择基本标准，并承诺提供更多的反馈，更彻底地评估这些标准。基本标准提供了一个焦点，这样当学生显示出与这些基本标准相关的需求时，就会得到额外的时间和支持。教师团队还要花时间合作开发创新课程，以确保每个学生都能掌握最基本的标准。

**相关原理**：评估架构，教学灵活性

**主题**：共同评估，基本标准，形成性评估，干预与指导，干预反应，严格性和认知复杂性，总结性评估与评定

## 目标是让所有学生达到掌握水平还是超越掌握水平？

这个问题的答案取决于这个问题关乎评估与学习，还是关乎评定。首先，如果教师为学生着想，并希望他们参与各种学习体验，让他们尽可能深入地思考和拓展学习，那么在时间充分和手段有效的情况下，答案就是超越掌握程度。显然，仅仅因为学生看起来已经掌握，就中止学习，相当于把每一个学习目标都当作一个个孤立的实体。拓展学习对每个人都有好处。

如果这个问题与评定和报告决策有关，答案就有些许不同了。虽然教师希望学生的学习范围更广，但学生获得高分的机会不能与超越掌握程度挂钩。学生在某一年级水平上展现的理解熟练程度

和技能掌握水平，应该足以确保他获得一个能打开未来各种可能性（被大学录取、获得奖学金等）的大门的等第、分数。一旦学生表现出达到掌握水平，聚焦于目标的学习就可以继续，但这种掌握水平的展现应该能够带来高分。



> **相关原理**：结果的交流，学生投入
>
> **主题**：丰富与拓展，学生参与及动机，总结性评估与评定

## 是否有正确的方法来分解标准？

分解标准的目的是更深刻地理解对学生的期望，以便计划评估和教学。协作分解标准的过程促进了有价值的专业对话，为学生建立共同的期望。没有一种方法可以分解标准，因为在不同地方、不同内容领域，标准的编写形式各不相同。该过程的基本组成部分是确定学生需要掌握的学习的复杂性（通常用动词性关键词表示）以及标准中重要术语的共通定义。这些对标准的描述提供了实现该标准的路线图，也为有助于理解和达到这些标准的学生活动和评估提供路线图。一旦团队开展了这些重要的对话，下一步的教学计划和评估会因为对学习的共同理解而变得更有成效。

> **相关原理**：精准解释，评估架构
>
> **主题**：干预与指导，专业学习共同体，分解和学习进阶

## 形成性评估与总结性评估

**有不同种类的形成性评估吗？似乎有些很短，有些很复杂。这是准确的吗？**

形成性评估可以各种各样的方式进行。它可以在长度和复杂性上有所不同，但不变的是，只要是形成性评估，就必须依据从评估中获得的信息来采取行动。

如果形成性评估发生在新概念和技能的引入阶段，它可能包括不那么复杂的问题。这种形成性评估过程旨在快速有效地发现知识或技能上的差距，这对于让学生随着目标复杂性的加深而进行的更深层思考很重要。也许早期的形成性评估可能包括词汇术语、对先前学习过的概念或基本技能的复习。这种形成性类似于训练，在真正的比赛开始之前，专注于练习赛中的较小的目标。这些训练可以让教练在球员形成不适当的习惯之前，尽早对他们的需求做出反应。反馈就是从这种形成性评估中产生的，紧随其后的是常规练习。这些简短的形成性评估过程会促成快速纠正和强化。

如果形成性评估发生于学习目标探索的尾声，它可能会变得更加复杂，对学生的要求也会更高。在这个阶段，学生可能会在更复杂的任务中整合多个目标。学生正在朝着复杂的学习目标迈进，而不是一次只专注于一个目标。他们甚至要将多个目标中的技能和理解结合起来。这种形成性就像一场训练赛或模拟比赛。它看起来非常像一场比赛，将技能和理解结合到复杂的操作中，且在比赛过程中展示技能时仍然有时间回应教学需求和提供反馈。这种更复杂的形成性评估很重要，它告诉教师和学生，学生能够在多大程度上参与学习目标所要求的更深层次的思考和技能应用。它将多个单一的目标整合到应用和决策所需要的情境中。

要让学生为总结性评估、大型比赛或独奏会做好准备，这两种类型的形成性评估都是非常重要的。在总结性评估中，独立性和始终如一的掌握是必需的，要求学生应用自己的理解和技能。这并不意味着没有任何指导，但这种支持不会在比赛过程中发生。



**相关原理：** 评估架构

**主题：** 形成性评估，分解和学习进阶

## 如果总结性评估的结果在意料之中，那么为什么需要总结性评估？

如果教师和学生在整个形成性评估过程中都能清楚地知道学生的熟练程度是如何提高的，那么总结性评估的结果就不会令人意外了。在最理想的情况下，成功会在意料之中，因为学生已经通过形成性评估的运用与有效的回应和支持为总结性证明做好了准备。也就是说，评估是关于证据的，这意味着学生必须证明对学习目标复杂性的掌握程度。这不是基于过去的表现或练习来猜测——一周的出色训练并不会让一支球队在比赛前就获胜。总结性评估结果的可预料性与总结性评估的重要性不应混为一谈。

如果评估聚焦于学习目标中的细小部分，评估就应该完全是形成性的，因为评估任务通常是在认知复杂性上设定的，而不是标准本身。从形成性信息中推导出的任何熟练程度都不可能涵盖全部标准。

在标准层面上，将形成性和总结性做区分不是必要的。虽然教师可能仍然有一个预先确定的目的（例如，“今天我们将进行总结性评估”），但教师很可能只是在标准层面上评估自己的学生，然后在事后区分形成性和总结性。对于那些看起来已经掌握的学生，所产生的信息被总结性地用于证明掌握的发生。对于那些还不熟练的学生，这些信息被形成性地用来指导他们的下一步学习以达到掌握程度。

**相关原理**：精准解释，评估架构

**主题**：严格性和认知复杂性，分解和学习进阶

## 如果一些学生在总结性评估上停滞不前或表现不佳，成绩单中只包括总结性评估是否公平？

事实上，如果形成性评估是用来确认学生的准备程度、信心和能力，且如果总结性评估是令人兴奋的表现构成，那么总结性评估中停滞或不佳的表现就不应该发生。如果总结性评估很神秘（例如，学生对内容感到惊讶）、高利害（学生不能继续学习，不能随着学习的推进用新数据替换旧数据）以及依赖回忆（学生必须按要求回忆具体细节或完美的程序），学生就会害怕总结性评估。在这种总结性评估中，学生被认为是知识的消费者，而不是被鼓励成为知识的生产者。

如果学生在考试前感到焦虑，从而降低了教师收集的数据的有效性，那么就应该考虑是否有更好的方法来收集数据。好消息是，数据可以通过各种方式收集——项目、表现、口头陈述、演示、实

验等。只要教师尊重学习目标的严格性，并有效地引出它们所要求的技能和理解信息，评估就是有效的。因此，如果教师需要调整收集总结性数据的方式，那么他们就能做到。在一天结束的时候，教师依据对自己学科领域和学生的可靠的专业判断来做出评分决策。教师不只是在计算学生的掌握程度——他们是在确定学生的掌握程度。教师可以在评估实践中为学生提供选择和发言权，并与他们合作，以获得最大限度的最佳和最准确的数据。

在成绩单中，总结性数据是教师在确定成绩时使用的唯一证据。教师能否确保从这些数据中得出的分数准确地反映了与学习目标相关的学生技能和知识，这关乎公平。如果成绩单是根据标准或技能设置的，如果允许旧的总结性数据逐渐退出，以便新的数据取代旧的数据，那么学生就有多个总结性数据点，可以引导他们走向最终的成功。

**相关原理：**结果的交流，学生投入

**主题：**专业判断，总结性评估与评定

## 行为与关键能力

### 为什么把学业和行为分开很重要？它们不是相关的吗？

学业水平和行为当然是有联系的。研究表明，学生的一些行为（如态度、投入和动机）会影响其学习效果（Hattie，2009）。因为这些特定的行为有助于学生的学习，教师应该尝试理解它们并有效地量度它们。但如果教师将这些行为与他们试图量度的学业目标混

合起来时，他们创造的画面就不那么清晰了。所有的利益相关者都很难将两者区分开来——他们既不能清楚地了解学生知道什么、能做什么，也不能清楚是什么行为影响了学习效果。

例如，想象一下，一个学生在数学课上的最终成绩整合了日常作业或练习以及他在总结性测试中的表现（对许多教师来说，这种想象并不困难）。再想象一下，一个学生决定每天不交作业（不管他是否完成了作业），因为教师除在顶部打钩之外，没有提供任何具体的反馈。结果，他在这一部分中的成绩很低。但随后，学生又在所有总结性评估中表现得达到或高于标准。教师认为每天的家庭作业很重要，因为它提供了练习的机会，也教会了学生要负责任，所以他认为学生的分数应该包括没有完成家庭作业导致的零分以及总结性评估中获得的高分。学生在这门课上的最终成绩低于总结性评估分数。后来，当在家长会上被问及分数时，教师回答说，这个学生不负责任，分数反映了这一点。家长追问，对于一个不了解教师评分方式的人来说，这样的分数展现得很不清晰，因为这样的分数可能会让人认为学生不理解课堂上的数学概念。这给了教师一个合理但难以回答的问题。

这个例子中有几个要点需要考虑。首先，学生没有表现出高度的责任感，没有按要求上交作业。责任感、态度和积极性是学生需要学习和掌握的。然而，当这些行为与数学课中的数学技能测试相结合时，教师提供给学生的关于行为和数学技能的反馈都是不清楚的。这并不是说协作沟通等行为和技能不重要，恰恰相反，这些技能对学生来说是如此重要，如此有价值，因此值得单独去考虑，而不是包括在学业等级中。

相关原理：精准解释

主题：行为，报告，总结性评估与评定



## 听说我们应该把行为和学业分开，但如果我的标准就是关于行为的呢？

首先，行为和技能是有区别的。那种最需要与学业成绩分开的行为是课堂行为——即上课过程中能引导学生最有效的学习和自我调节决策的行为。当然，许多学业标准要求学生采取行动（制订策略规划、表演、编制试题等），但这些是技能，不同于课堂行为。

也许区分行为和技能的一种方法是想一想教师什么时候要求一个学生离开教室去校长办公室。这能鉴别一种行为。教师永远不会因为一个学生在上课铃响起后还在继续玩而把他送进校长办公室。他们会简单地通过指导来纠正行为——换句话说，他们会教学生这项技能。然而，如果一个学生不断地把球扔到另一个学生的头上，教师可能会认为这是行为问题，已超出学业学习的范围。

教师应确保不会用学业成绩来惩罚学生的糟糕行为决策。诸如低出勤率、过渡时的困难（difficulty during transitions）以及未携带或整理材料等问题，教师应该在必要时解决并与家长沟通，但这些行为困难不应该影响对学业目标的评估。

相关原理：精准解释

主题：行为，总结性评估与评定

## 行为评估与学业评估有何不同？

任何评估都需要明确两件事：（1）明确具体的学习目标；（2）明确与目标相关的当前状态。无论目标是行为表现还是学业水平，明确这两个方面都是至关重要的。

学业标准只要求明确关于学业水平的证据，所以行为特征（合规性、及时性、参与度、努力程度、态度等）永远不能包括在内；学业成绩只能反映学业表现。

这并不是说对行为的期望不重要；相反，应该注意以下两点：（1）这些期望的行为必须在评估之前被教授；（2）行为必须基于一套明确的标准和对掌握程度的共享期望来进行评估。许多学校将公民意识、责任感和其他良好行为的分数单独列在成绩单上，这清晰而恰当地运用了行为评估。

> **相关原理**：精准解释，评估架构
>
> **主题**：行为，报告

## 是否存在所谓的基本行为？

关于什么被认为是“基本的”，这总是由系统内的教师决定的。就像那些在国家层面上制定学业标准的人一样，教师应该关注学生接下来会遇到的行为期望。除了学业标准，企业、大学和军事部门还要求新成员具备某些行为，比如独立、合作思考和工作的能力以及解决问题、沟通、坚持不懈、探究等能力。

埃尔肯斯、席默尔和迪米奇（Erkens，Schimmer，Dimich，2019）推荐了有助于所有学生离开学校后获得成功的七种关键能力：

（1）自我调节；（2）沟通；（3）批判性思维；（4）创造性思维；（5）协作；（6）数字公民（digital citizenship）；（7）社会能力。可以说，这七种关键能力都涉及能够支持学生在评估过程中的学习能力的行为和态度。



**相关原理：**希望、效能感与成就，学生投入

**主题：**行为，学生参与及动机

## 对关键能力的评估有多重要？

评估关键能力（自我调节、沟通、批判性思维、创造性思维、协作、数字公民和社会能力）与评估任何作为教学目标和重点的东西一样重要。随着世界各地的学校和学区有意地将关键能力的发展作为学习优先事项的核心，一个平衡和强大的评估系统将是必不可少的，以确保学生处于熟练掌握的轨道上。

没有评估就没有教和学，因此，培养学生成为批判性思考者，仍然需要同样的基本技能，即确定明确的学习目标、透明的标准、复杂的任务、准确的解释、有效的反馈、定期的验证等。虽然评估的性质确实可能转向表现性评估，即要求学生在复制了实际应用知识和技能的真实情境中展示关键能力，但可靠评估的原则和实践仍然必要。

如果学校或学区（甚至州①）声称他们正在培养21世纪的思考者，那么对关键能力的评估是发展和验证这一远大目标的唯一途径。无论是评估学生个体还是群体，能够真实地证实并交流学生们正在发展21世纪成功所需的技能和品格，将为学校和学区提出的

① 美国为联邦制国家，州（state）是其成员单位。

正确主张提供实质依据。

**相关原理：**精准解释，评估架构，学生投入

**主题：**真实性评估，指标，关键能力



## 评估实践

### 问责和高利害考试在我们的评估决策中应该扮演什么角色？

在教育中，问责是指那些用来让教师和教育系统对学生持续、可接受的学业成就水平负责的政策、实践和指标。这些指标非常重要，有助于确保所有学生都能平等地获得高质量的学习体验，有助于让所有利益相关者群体都有清晰的了解，并表明学校正在履行对社区的承诺。每位家长或监护人以及每个社区都希望学生获得在离开教育系统后能够以有意义的方式做出贡献所需要的东西。

但问责系统必须是底线，而不是上限。任何来自问责系统的数据都应该告诉学校需要改进的地方。在任何问责系统中，学校如果能坚守学习期望，并确保其与当地标准紧密一致，将之嵌入高度有吸引力的教学和严格的评估活动之中，那么就最有可能取得高水平的成功。

然而，“高利害”一词有着完全不同的含义。当风险很大，参与的人要么赢要么输时，利害关系就高。在一个高利害的问责系统中，如果没有“赢”，学校可以拒绝让学生毕业，各州可以撤回资助。任何时候，如果评估过程的结果被用来做出决策，而这种决策直接影响到参与评估的人的生活，那么评估就被认为是高利害的。

大多数情况下，这些决策是由没有直接参与评估过程的人（既不是教师，也不是学生）做出的，且学生和教师都认为这些决策是不公平、不及时的，不能反映他们的需求。因此，当教师团队在高利害标准化测试前做出关于学生以及如何支持他们学习的决策时，适当的做法是考察抽样评估和以前的评估结果，这有助于将注意力集中在教师要支持学生取得成功所必须关注的特定技能上。然而，许多类似的技能（毅力、书面语言的清晰度、概念理解）也支持了预期的学习目标所包含的技能和知识的发展。

如果将教师和学生可以获得的所有信息来源考虑在内，明确学习期望和清晰表达熟练水平是非常好的做法。如果引导对话是学生的需求，且这种需求与学习期望相一致；如果高利害测试或问责系统作为有价值的关注点而不是对话的引导者，那就更好了。

**相关原理**：结果的交流

**主题**：问责和标准化考试，基本标准

## 什么时候评估会为时过早?

何时进行评估？这与评估的理由（评估目的）以及教师如何向学生传达这一理由密不可分。在形成性层面，如果是为了支持继续学习而寻找证据，那么评估永远都不嫌早。即使当一个学生所知甚少或者缺乏完善的技能时，形成性评估也可能是及时的，因为它可以让教师聚焦于每个学生的需求。

然而，在总结性层面上，当教师记录成绩并要求学生对成绩负责，有时评估的确还为时过早。这一目标假定学生有充足的学习和

再学习时间，其中充满了反馈和反思。过早进行总结性评估会降低信心、期望，减少了创造和反思尽可能多的学习机会。为了达到让大多数学生在总结性评估中证明已掌握的期望，教师应该寻找证据，证明学生对期望的实践演示是独立的、准确的和一致的。总结性评估的时机应尽可能多地反映优势。

**相关原理：**评估架构，结果的交流，学生投入

**主题：**形成性评估，总结性评估与评定

## 如何评估很少出勤的学生？

如果学生不按时上学，教师就难以收集评估信息并以持续支持的方式做出回应。然而，重要的是要搞清楚缺乏证据和证明学业困难的证据之间的区别。这就是成就和行为的区别。学生出勤对于教师基于当前和准确的证据做出有力的教学决策至关重要，因此当学生不出勤时，教师可以考虑采取一些措施。

1. 不要因为缺勤而在成绩单上将学生记录为缺乏技能或理解力。相反，要将缺勤记录为行为问题，并注明缺乏足够的证据（不完整或不充分的证据）来进行评分。

2. 将出勤问题提交给负责支持行为问题的学校团队（RTI 或 MTSS[①] 团队），并努力搞清楚缺勤的根本原因。

3. 如果可能的话，与学生的家人进行有关出勤率的对话。解决问题的最佳方法是团队合作。

4. 收集或记录学生在校期间学习的所有证据。如果要求他们交

① MTSS 即 Multi-Tiered System Supports，可译为“多层次支持系统”。

作业是困难的，就不要只依赖于他们上交的作业。可以用课堂上的学习记录做一个副本，只要有可能就进行正式的观察。

5. 专注于基本的学习目标。监测与最重要的技能和知识相关的进步，并在任何可能的情况下收集证据。以多种方法评估他们的掌握水平。选择对这些学生最准确、最有效的方法，直到出勤问题得到解决。

在一天结束的时候，教师必须问自己，按照自己的专业判断，是否有足够的证据来证明失败是合理的，如何以最准确和最有帮助的方式与将来接任的教师交流所存在的差距。

**相关原理：** 精准解释，学生投入

**主题：** 行为，干预反应

## 如果知道学生处于困难之中，真的还需要评估吗？

这个问题从两个方面说明了评估的目的：（1）它促使教师思考，关于学生的需求，评估让他们知道了什么；（2）它也促使教师思考，关于自己的教学，评估又提供了什么信息。

有时，教师在多种情境中与学生一起进行长时间的工作，会相信自己可以预测学生的困难。如果学生及其学习模式是可以预测的，进行评估似乎是浪费时间。然而，这种困境与评估的目的有关。如果评估不仅被视为确定学生熟练程度的工具，而且被视为确定教学和学习计划是否有效的手段，持续收集评估信息的重要性就变得清晰起来。挑战在于如何对待来自学习困难者的证据。

了解学生的困难是回应他们需求的重要的第一步。如果学习者发现学习困难时知道如何应对，那么评估就真正发挥作用了。评估作为一个过程，教师应该在需要确定挑战和优势的时候适时地使用。如果教师自己使用评估来支持他们的教学工作，就会意识到学习困难的学生可能需要更多的评估，且这种评估与课堂中其他人需要的评估不同。一项真正优秀的评估揭示了学生遭遇各种挑战的根本原因，因此教师可以与学生一起计划如何以最有效和最有意义的方式解决这些根本问题。

**相关原理：**精准解释

**主题：**形成性评估

## 高中的评估应该和小学的评估不同吗？

答案既是肯定的又是否定的。否定的意思是，评估不应该是不同的，因为评估基础是普遍适用于 K–12 年级[①]。当然，随着学生年龄的增长，评估的内容也会变得越来越复杂。然而，理想情况下，教师仍然会使用平衡的评估系统，其中评估的形成性和总结性目的无缝对接，就像大多数人所熟悉的练习与比赛游戏或者排练与表演的相互关系一样。有效的、描述性的反馈的作用不受年龄限制。

同时，答案也是肯定的，评估可能是不同的，因为在高中阶段的评估对于学校教育的其他阶段可能不是必要的。高中与高等教育（中学后教育）的直接联系是独一无二的，这意味着在确定成绩时需要进行高度的综合。但在小学或中学阶段，确定单一的总体成绩在教育上是没有必要的，尽管这种做法在一些地方仍然存在。然

① K–12 年级在美国指从幼儿园到 12 年级。

而，目前大多数高中仍然有必要为大学入学申请提供传统的成绩单。这意味着，高中阶段的评估将更侧重于对各个分支、类别和领域的评估，要求学生同时用多种标准来展示他们的学习，而不是孤立地对他们进行评估。换句话说，差异更有可能出现在总结性评估中，在这种评估中，成绩可能在学生的生活中扮演着更重要的角色，就像在高中那样。



**相关原理**：评估架构，教学灵活性

**主题**：反馈，形成性评估，总结性评估与评定

## 评估方式是否应该与教同一年级水平或相同课程的同事相同？

教师不需要像教授同一年级或同一门课程的同事那样用同样的方式（即运用同样的方法）来评估学生——一位教师可能会选择通过测试中的建构-反应式问题来评估学生对中心思想和支持性细节的理解，而另一位教师可能会选择通过博客帖子来评估学生的理解——但教师之间应该在以下几点上达成一致：

1. 评价中心思想和细节所用的质量标准。

2. 与学习目标（标准、结果、能力）相关的不同水平的熟练程度是什么样的？

3. 所界定的不同水平中应当包含哪些年级水平上的表现？

不同教师运用的指标应该是一致的，这能保证评估的可信度。教师一旦明确了用以判断基本学习目标实现的严格且相关的标准，就可以自由地设计反映学生的优势、需求和偏好的评估活动。

**相关原理：**评估架构，精准解释

**主题：**合作，基本标准，分解和学习进阶

## 能否在基于游戏的突发环境（如早期学习）中提前设计评估？

只要学习经验的组织是生成性的、依赖于即时决策的（例如，一些早期学习环境、探究性环境、创造性环境和表现为中心的环境），那么在这类环境中的评估仍然应该指导决策。然而，评估如何适应这些环境，可能与传统的评估过程略有不同。

在生成性情境中，学生的偏好、疑问和决策引导着学习。但这并不意味着这种经历没有引导性目标或成功标准。教师仍然需要评估非常具体的、预定的目标（例如，合作性游戏、强烈的质疑、模型建构），并使用他们收集的信息来指导在任何学习环境中有效教学的方方面面——对话、选择资源、给学生分组和进行反馈。

生成性情境中的评估通常借助于有目的的观察和对话来进行。教师让学生进行自然但有目的的讨论，以确定学生在过程或结果相关目标上的进步。例如，一位教师观察到两位小学生在活动区用积木搭建模型，并要求学生确定模型的核心（学习目标）。然后，教师可能会请学生在模型中引入新材料，创造一个新的、更复杂的核心。这种在生成性游戏中进行的有目的的对话评估了当前的理解，并提高了学生在自己确定的情境中学习的复杂性。然后，教师可以记录这种评估信息，并用它来制订教学计划和创建环境，以支持学生的成长。此外，教师可能会使用学生制作的产品（“头脑风暴”表、研究论文或图画）来进一步评估与特定指标相关的增长。

学习需要明确学生与目标相关的当前状态，教师与学生一起计划下一步。在生成性情境中，这些步骤通常需要与学生共同构建，学生承担探索的主要责任。在这些过程中，强有力的评估确保了学生的成功。

> **相关原理：** 精准解释，评估架构
>
> **主题：** 早期学习，形成性评估

## 作业和评估有不同之处吗？

如果编制作业是为了引出证据——无论是为形成性目的还是为总结性目的，那么它们就能发挥评估的作用。例如，如果布置作业是为了让学生练习一项特定的技能或应用知识，而教师打算检查学生的作业并为未来的教学制订计划，那么作业就是一种形成性评估。如果一项作业的目的是获取和验证独立的技能或对标准的理解，那么这项作业就是一种总结性评估。

如果作业引出的证据对教师或学生的教学决策或学生的最终分数没有影响，那么作业就不是以评估为导向的。如果教师布置作业是为了让学生思考或生成观点，而不用结果来指导教学或验证熟练程度，那么作业就不等同于评估。如果教师仅仅是为作业的完成情况提供一个检查符号，那么作业就不会被用作对学习的评估。这完全取决于教师如何运用作业。

> **相关原理：** 结果的交流
>
> **主题：** 形成性评估，总结性评估与评定

**我所在的学区有项规定，每周要有三次把成绩计入成绩单。形成性和总结性成绩都计入最终成绩。在这种政策下，如何使评估实践准确无误？**

最好的做法是，确保学生个体生活中的所有关键利益相关者（包括学生自己）持续地了解学生在实现学习目标上的进展。经常更新成绩是很重要的，这样做使得为了每个人利益的早期干预变得可能。然而，学习不是算术，所以像“每周三次输入成绩”这样的要求会产生人为的评估证据——在那个时刻，教师可能需要这种证据，也可能不需要。更大的问题是评分软件，它对形成性和总结性评估数据一视同仁。

以下是教师们绕过评分软件问题的一些方法。

1. 检查在线成绩单的参数或设置，看看是否有可能关闭对所有分数进行自动平均的功能。如果可以，记录分数，然后在稍后的作业样例中寻找众数（例如，学生在学习阶段结束时生成的最常见的数字或字母等级）。

2. 将每个形成性评估的成绩输入为零，但记录学生获得的分数。通过这种方式，学生可以看到自己的成长轨迹，但成绩不计入最终分数。

3. 例如在所有形成性的作业中使用其他评分代码，如 NY（not yet，尚未）、+/– 或 P（progressing，进步）。

4. 将学生追踪表数字化，这样家长可以看到学生如何追踪自己的进步。与家长分享这些链接。

5. 将反馈系统数字化（例如，使用 Seesaw[①]、学生反馈软件、谷歌课堂等）。

① Seesaw 是一个学生学习平台，可以进行成果分享、互动点评等。

无论教师选择什么，帮助所有利益相关者理解新系统总是很重要的：不同的评分代码是什么意思？最终成绩如何计算？把这些关键因素写下来，并在许多场合（在学校或教师网页上，在给家长的信中，在家长会的标牌上，等等）进行分享，对这些改进至关重要。



**相关原理：** 学习文化，教学灵活性

**主题：** 形成性评估，报告，总结性评估与评定

## 应该如何批判性地检查我的评估，以确保它们是好的？

威利斯、阿迪（Willis，Adie，2016）认为，开发高质量或“好的”课堂评估是一个过程。认识到课堂评估的目的就是生成和分析学习的证据，这对于确定多久检查一次评估工具和过程以及如何进行批判性分析至关重要。如果一种工具未能服务于它的目的，就需要进行某种批判性的检查。

对评估的批判性分析需要考虑以下几点。通常，教师按单元或主题组织学习。在这种情况下，每个单元通常包含一套学生必须掌握的标准或关键能力。任何评估都可以用来为学生提供反馈，用以支持学生学得更多（形成性），或描述特定时刻达到的熟练程度（总结性）。评估具有形成性还是总结性取决于所采取的行动。评估（无论是形成性的还是总结性的）的效度反映了对评估题目和任务有多大可能性会揭示想要学习和测量的东西的信心。为了确保这一点，教师（理想情况下是合作团队）可以采取行动来保证效度（批判性分析的最终目标）。

在单元教学或评估进行之前，我们要做到以下几点。

1. 确定该单元或某一时间范围内的基本标准和关键能力，并分解每个目标，清晰地陈述学习目标并澄清学习进阶。

2. 选择试题和任务并保证其与你打算测量的标准或学习目标匹配。确保评估的严格性与标准所反映的年级期望相一致。用以描述学习的关键词是一个认知水平及其要求的一个重要指标，必须在题目中呈现；紧随关键词之后的通常是学生必须展示的思维深度。认知的严格性和思维的深度使评估任务的设计更加清晰。例如，确保不要将“辨认”或“选择”与“分析”“评价”“解释”混同。如果关键词是“解释”，学生必须在题目或任务中进行解释，并且该任务需要确保学生已经做出了解释。如果学生提供了对某些事实的解释，他们可能是在解释，但思考的深度很低。在任何情况下，建构-反应式题目都是必要的，因为仅仅选择一个答案不足以提供充分的证据。学生需要通过图表、文章、视频或博客文章来分享他们的想法。

在评估完成后，我们要做到以下几点。

1. 分析学生的作业，确定学生的优势和下一步行动。在单元结束之前，对（共同）形成性评估的分析有助于支持教学（有时称为一级预防，即 Tier 1 prevention）。对单元评估或（共同）总结性评估的分析，可为二级干预（Tier 2 intervention）确定尚未掌握基本标准的学生。

2. 反思学生的回应，以了解评估设计中是否有问题导致了糟糕的结果——可能是令人费解的表达、不清晰的指导语或不熟悉的词汇。在下次进行评估时修改任务或评估题目，以避免这种误解或混淆。在改变评估时要谨慎，确保你不会因为学生无法达到所评的水平而无意中降低严格性或评估期望。在这种情况下，要将试题和任务保持在年级水平上，并采用符合学生当前水平的教学。

理想情况下，应该在单元之前根据学习目标计划和组织每项评估。每项评估（学生作业）都要做到以下两点：（1）进行分析，以便在需要时为基本标准上的额外指导和干预提供信息；（2）加以修订，如果试题和任务被认为需要改进。

在评估数量上，教师团队或个体应该只实施自己能够分析和回应的形成性评估；使用证据比只收集证据更重要。如果教师进行评估，却不采取任何行动，那就增加了太多的工作，影响也太小。合作团队还应该分析单元评估或共同总结性评估，以确保需要额外时间和支持的学生得到帮助。在这两种情况下，这种分析应该始终包括对有关试题和任务的结构或设计的质疑，并明确使评估和后续的结果能更准确反映需要做出的改变。

**相关原理：** 精准解释，评估架构

**主题：** 共同评估，基本标准，形成性评估，干预与指导，干预反应，总结性评估与评定

## 远程学习环境中的评估目的

当教育转变为一种自己不太熟悉的形式时，教师和学生可能会发现自己更多地关注日常操作的实用性，而不那么关注评估的微妙目的。然而，重要的是要记住，评估是做出正确的教学决策的过程。为了让教师和学生都能根据学生的优势和需求设计日常学习，教师必须定期收集和分析有关技能和理解现状的证据。评估的这种

形成性目的在远程学习环境中变得至关重要，在这种环境中，教师已经习以为常的观察性评估（例如，即时检查那些在开始时碰到困难的、那些错过重要策略或者那些难以自我调节的学生）更具挑战性。当学生不再在同一时间与教师有空间上的相互接近时，任何形式的自发检查都会变得更加复杂。

此外，在远程学习环境下对学生学习的证明（总结性评估的目的）也有其自身的复杂性。教师可能想检查与目标相关的独立技能，但当在评估过程中不能看到学生时，他们才发现自己关心的是学生实际表现出的独立水平。他们可能会发现有必要运用不同的评估方法来满足学生的需求，且对评估结果的记录在远程环境中是不同的。

为了应对这些日益增加的挑战，每个参与者都必须完全清楚每次评估的目的，结果将如何使用以及学生应该自己完成（总结性评估）还是可以寻求支持，何种形成性评估不仅允许而且鼓励强有力的回应。正是由于这些原因，在对学生进行评估之前，明确远程学习环境中的评估目的至关重要。

为了明确评估目的，教师可以考虑以下几点。

1. 有意识地将评估分成为实践和反馈的评估或为认证学习的评估，并确保学生及其家庭了解它们在运用方式及参与评价所要求的独立性上的差异。

2. 将评估的目的与随后的教学决策清晰地联系起来；例如，如果评估是形成性的，教师可以组织第二天的分组讨论，以满足在评估中揭示的学生需求。

3. 在形成性评估和总结性评估之间保持健康的平衡，同时更多地强调形成性评估；为让学生进一步明确两者的差异，可以考虑在形成性评估中不给分数，而将重点放在反馈和目标设定上。

第四章

# 评估架构

像一座房子的蓝图一样，评估架构提供了一个教师用来监控整个教学单元学习情况的计划布局。该计划包含了有助于在总结性评估中取得成功的形成性评估机会。就像建造实际的房子经常会修改最初的计划一样，评估蓝图也是可以调整的，教师可能需要添加、修改或删除一些形成性的活动，因为他们要对学生学习的新证据做出反应。事先制定好的评估架构能让教师有目的地设计评估，为日常教学提供启发以及可能的应对措施，以最大限度地提高教学效果。

准确有效地回应学生的需求，高度依赖于收集反映实际和当前学习状态的确凿证据。这就是为什么评估架构对任何评估系统都如此重要。如果没有强有力的设计，评估的解释、结果的交流和学生投入的发展都将变得极具挑战性。明确强有力的评估架构的特征是一个很好的开端。

# 评估架构



## 我们所说的评估架构是什么意思？它为什么这么重要？

评估架构就是设计评估，以确保评估证据准确地衡量预期的学习效果。它需要教师个体和教师团队参与识别学习和选择评估证据的过程，以制订评估计划。当教师个人或团队参与评估架构时，以下工作是必要的。

1. 明确学生在目标学习单元或学习时段内需要学习的标准（或能力、结果）。

2. 分析标准以确定实现标准所需的更具体和更细化的学习目标（分解或解构标准）。标准中的关键词表明了标准所要求的认知复杂性以及学生展示标准中所描述的这种技能或理解的方式。思维的深度通常跟随在关键词之后，并提供对预期学习表现的深度和广度的基本了解。

3. 根据认知复杂性，确定评估方法（例如，选择反应评估、建构反应评估、表现性评估），这些方法有助于提供学生在实现这些学习目标、达到最终标准方面的最准确的证据。例如，如果标准中的关键词是“分析”，那么该方法必须确保学生实际上是在分析，而不仅仅是简单地识别或回忆起某种最好的分析。

4. 如果评估是现成的，则要确保当前评估中的试题或任务能提供有关学习目标或标准的准确信息。对指导语、措辞和组织的检查是这个过程的一部分。根据学生如何理解评估的设计和实施，修改试题、任务和评价量规。有时，试题会被误解或表达得不好。这意味着教师需要分析证据并反思评估设计，确保修改可能导致学生表现不佳的格式、措辞或方法。

5. 有目的地计划在整个单元或学习时段内收集和分析评估证据，并确定如何使用评估证据中的信息——形成性还是总结性。以形成性为目的而规划评估意味着有目的地明确对证据进行哪种分析，学生收到哪种反馈以及学生和教师如何根据从评估证据中获得的信息采取行动。当证据被总结性地使用时，教师要明确如何与学生分享结果（符号、评语、比例），以准确地说明学生实现学习目标的程度。此外，教师要确保总结性等级或分数准确地代表基于该证据的成就水平。



评估架构非常类似于格兰特·威金斯和杰伊·麦克泰格（Grant Wiggins, Jay McTighe, 1998）在《追求理解的教学设计》(*Understanding by Design*）中描述的规划和教学设计过程，或者“逆向设计”（backward design）——在这种设计中，教师以预期的结果作为设计的出发点。评估架构确保了评估是有效、准确并且提前计划的，能推动课程规划和决策制定，因此有助于在更深层面上规划评估。

**相关原理**：评估目的，结果的交流

**主题**：形成性评估，前评估，总结性评估与评定

## 强大的评估架构如何鼓励学生参与学习过程？

学生参与学习和评估过程的关键是以一种有目的的方式进行计划。当教师深入研究标准和学习目标，并设计评估工具和方法来捕捉学生学习的发展时，他们同时也在设计让学生参与评估和学习对话的方法。如果设计得好，评估对教师和学生都有好处。

也许教师计划通过前评估来评估学生带入学习情境的基本技能。与此同时，他们也可以计划如何使用前评估结果作为每天与学生一起学习的一种方式，或者如何使用前评估来让学生跟踪自己的成长。前评估为教师提供了解决特定的学生需求所需的信息，同时也提供了一种工具，学生可以借助这样的工具来追求自己的技能发展。

如果能建基于对学习目标以及其中的指标的深刻理解，那么强大的评估架构会持续支持技能和理解的发展。一旦教师形成了深度的个人理解，并明确地对如何以形成性和总结性的方式来评估学生做出了计划，他们就可以在学习过程中安排时间让学生自我评估、设定目标或开展同伴反馈。当形成了自己的评估架构时，教师就可以计划如何与学生分享评估过程。评估和学习是交织在一起的，所以当学生参与评估时，他们也在参与自己的学习。

> **相关原理：** 评估目的，学生投入
>
> **主题：** 自我和同伴评估，学生参与及动机

## 标准、目标和指标之间有什么区别？

标准是学生应该达到的具体结果；它们需要每隔一段时间进行总结性评估。如果目标（targets）是有意识地加以排序的，那它就是引导学生达到标准的基础。对目标的教学和评估是形成性评估的一个优先事项，借此，教师为达到一个更复杂的标准而设计支架时，可以知道学生何时已经为进入下一环节的学习做好了准备。

例如，如果一个标准处于布卢姆分类学（Bloom，1956）的

“分析”水平——或者知识深度（depth of knowledge，DOK）的二级水平——教师就会知道，要引导学生充分发展并达到标准，需要知识、理解和应用目标。教师经常使用一个框架或模型来分析教学和评估的认知需求。知识深度是一个常用的框架，用于描述任何给定试题或任务的认知需求。有关DOK水平的更多信息，请参阅艾琳·迪普卡的《提高严格性：有效的课堂提问策略和技巧》（*Raising the Rigor*：*Effective Questioning Strategies and Techniques for the Classroom*）（2017）、卡桑德拉·埃尔肯斯的《协作共同评估手册：设计、实施和数据分析工具》（*The Handbook for Collaborative Common Assessments*：*Tools for Design*，*Delivery*，*and Data Analysis*）（2019）或埃里克·M.弗朗西斯的《解构知识深度：一种更深层次教学的方法和模型》（*Deconstructing Depth of Knowledge*：*A Method and Model for Deeper Teaching and Learning*）（2022）。标准及其支撑性目标被有目的地排序，以形成一个学习进阶，这是创建有效和高效的学习单元的基础。

无论评估聚焦于标准还是目标，成功指标都能支持掌握水平的开发和验证。成功指标描述了学生为证明在标准或目标上取得成功而呈现或创造的东西的质量。如果成功指标清晰而透明，教师和学生就会知道如何实现一节课或一系列课的学习目标，或者学习单元的最终标准。通常，若标准或目标很复杂（例如，写一篇叙述性文章），教师会选择运用评价量规按不同水平的掌握程度来阐明学习质量的多个方面（成功指标）。若目标不那么复杂（例如，认识数字1~10），教师可能会简单说明单一的正确答案（可能用检核表）。

**相关原理：** 精准解释，评估架构

**主题：** 指标，形成性评估，总结性评估与评定，分解和学习进阶

## 严格性和难度有何区别？

当术语“严格性”和“难度”似乎都意味着“困难”时，两者之间的差异可能会令人很难理解。但重要的是要知道它们关注的是不同的东西。

严格性指向的是一项任务所需的认知复杂程度。完成任务或回答问题需要什么样的心理过程？严格的问题要求学生在需要扩展或策略性思考的复杂应用中平衡他们的概念理解和程序流畅性。

难度系数表达的是学生在处理任务或问题时所体验到的挑战性程度。试题的难易程度取决于学生觉得题目是容易的还是困难的。难度水平是在学生考试后确定的，数据反映了有多少学生答对了试题。用答对题目的学生数除以答题总人数，得出的结果被称为难度系数或区分指数。在测量产业中，0.4 及以上的区分指数被认为是理想的。换句话说，当有学生没答对试题时，这个试题被认为是有难度的，因此是成功的。这种常规的做法与学校确保所有学生在高水平上取得成功的使命直接冲突；随着越来越多的学生获得成功，衡量的标准将会不断变化。

一个评估任务可以同时兼具严格性水平和难度系数。严格性水平始终保持不变，但难度系数却因人而异。换句话说，严格性水平处于第三级的任务对每个人来说都是第三级，而难度系数会因学生

的准备程度和对试题的整体感受而变化（有些学生会觉得任务很容易，而另一些人可能会认为它很难）。例如，假设所有学生的任务都是把一块石头推上山。对于每个人来说，岩石的大小、重量和形状以及山坡的坡度（严格性）都是一样的，但体验到的挑战程度（难度）会有所不同；有些人会比其他人觉得这项任务更难，这取决于他们的体力和健康程度。



**相关原理**：评估目的

**主题**：形成性评估，严格性和认知复杂性，总结性评估与评定

## 学习进阶和能力量表或评价量规有什么区别？

学习进阶描述了通向与单一标准或一组标准相关的掌握水平的教学路径。换句话说，学习进阶通常（但并不总是）体现在一个完整标准下的不同学习目标中，强调了为让学生达到掌握程度而必须提供的支架。学习进阶可以用来做这些事：（1）让学生分析和澄清学习目标；（2）告知评估途径；（3）说明教学步骤。

学习进阶通常嵌入用以描述对标准的掌握程度的能力量表中。与学习进阶不同，能力量表增加了描述符（qualifiers），说明标准的哪些部分已经完成以及完成的独立性和准确性程度如何。罗伯特·J. 马扎诺（Robert J. Marzano，2010）建议能力量表的每个等级使用以下描述符。

第一级：学生完全依赖于支持，只能完成简单的部分，且准确度不高。

第二级：学生能不依赖于支持，以较高的准确度完成简单的部分。

第三级：学生能完全不依赖于支持，准确地完成简单和复杂的部分。

第四级：学生完全不需要支持，甚至超出了教学的范围，能通过深入的推论或广泛的联系来拓展复杂性。

从标准的简单部分到复杂部分的顺序就是学习进阶，但它本身没有提供各种水平的描述符。

能力量表表明学生达到了什么程度的标准，达到了什么程度的独立性和复杂性，而评价量规则表明学生在评估中体现出的对标准的预期掌握程度——这种评估通常是按照预期的掌握水平（通常是能力量表的第三级）来编制的。评价量规使用的质量指标也有不同的水平（通常是 4 或 5）。虽然划分的水平数量可能相同，但工具服务于不同的目的。席默尔（Schimmer，2016）用一个制作煎饼的标准来类比，探索在相同的标准下，能力量表和评价量规有何不同。表 4.1 展示了能力量表和评价量规之间区别的简化版本，并将评价量规的水平与制作煎饼所需的掌握程度保持对等。

**表 4.1　能力量表与评价量规的关系的直观表示**

| 等级 | 1. 起始水平（Initiating） | 2. 发展中水平（Developing） | 3. 达成水平（Achieving） | 4. 高级水平（Advancing） |
| --- | --- | --- | --- | --- |
| 第四级 | • 加入独特的食材来制作新型煎饼 | | | |
| 第三级 | • 使用适当的技巧<br>• 制作煎饼 | | | |
| 评价量规以期望的掌握程度进行评估 | 视觉吸引力 | | | |
| | 味道 | | | |
| | 香味 | | | |
| | 口感 | | | |

续表

| 等级 | 1. 起始水平 ( Initiating ) | 2. 发展中水平 ( Developing ) | 3. 达成水平 ( Achieving ) | 4. 高级水平 ( Advancing ) |
|---|---|---|---|---|
| 第二级 | • 读懂食谱<br>• 准确地测量<br>• 使用恰当的工具 | | | |
| 第一级 | • 认清每种成分<br>• 解释每种配料在食谱中的作用 | | | |



**相关原理：**评估目的

**主题：**分解和学习进阶

## 共同评估会局限我的创造性，妨碍我做对学生最好的事情吗？

教师的能力取决于其在严格性前提之下的灵活性。因此，有必要进行共同评估，以确保整个团队（学校或年级）对标准的解释是准确的，并且在预期结果的达成上有一致观点。虽然严格是最终目标，但这并不妨碍教师在评估和教学中发挥创造性或灵活性的机会。

对评估来说，共同并不意味着完全相同（Erkens，2016）。共同评估必须用相同的测量标准，对数量和质量有相同的期望，有相同的严格性水平，并使用相同的指标来分析结果，但是评估本身并不需要完全相同。共同评估可以用不同的材料、提示、问题或任务来衡量学生对预期标准的掌握程度。但需要注意的是，在分析数据时，共同评估设计上的差异将需要进行额外的分析，以确保不同类型评估不会导致学业成就差异。

至于教学，共同评估永远不应该扰乱教师在团队既定时间表和共同期望内的教学策略。所有教师都必须找到适合自己的最佳教学方案——与自己的个人喜好和独特风格相一致——以便在各自的课堂上最大限度地提升学习效果。如果个体的教学既灵活又严格，教师团队的力量是最大的——个人选择形成了多样化的宝贵的选项，以满足学生的全方位需求。

创造性是教学过程中非常重要的一部分。任何规矩或政策都不应试图剥夺教师的创造性，也不能损害教师满足其学生需求的能力。尽管如此，每位教师都有责任保证学生准确、全面地达到标准。

**相关原理：**教学灵活性

**主题：**共同评估，专业学习共同体

## 评估设计

### 在计划过程中，何时应当考虑评估？

教师必须在单元设计之初——长远地说甚至应在整体课程设计之初——就考虑到评估的准确设计和有效使用。如果在教学之前就创建总结性评估，教师们会有以下收获。

1. 为整个评估系统创建一个有意义的路径，使来自形成性评估的反馈聚焦于为总结性评估做好准备。

2. 在教学中高度聚焦，有时修改或删除对学生在总结性评估中取得成功没有帮助的内容。

3. 确保评估系统真正符合教学单元所涉及的标准。

更重要的是，在每天的教学中确定几个关键问题，这些问题将发挥这样的作用：（1）在适当的严格性水平上挑战学生的思维；（2）引出关于学生的学习信息以指引教师的教学策略。换句话说，所有类型的评估（正式的和非正式的）都不应事后考虑。

**相关原理：** 评估目的

**主题：** 形成性评估，专业学习共同体，总结性评估与评定

## 教师有可能编制出有效可靠的评估吗？

答案是肯定的。哈蒂（Hattie，2009）和莫斯、布鲁克哈特（Moss，Brookhart，2019）认为，虽然培养教师的本科或研究生课程很少包括评估素养，但理解评估的目的以及如何构建评估架构既重要又可实现。为了提高这些重要的评估设计技能，教师们应该共同努力，参与制订评估计划和评估工具的过程，并支持计划的实施。当开展评估设计合作时，教师们丰富了自己的知识，也提高了学生的成绩。

这个过程从关于标准的合作性对话开始。至关重要的是，要了解所有组成部分——有时也称为分解（unpacking），以及这些部分是如何组合到一起发挥作用的（repacking，重组）。学习进阶有助于明确学生在最终达到标准之前必须掌握的每一步。成功指标有助于明确达到或超出掌握程度的表现是怎样的，使教师能够给出更精确的反馈，而不是简单地说“还没有达到”。

选择最好的评估方法有助于确保教师衡量的是标准和目标（而

不是其他东西）。对于许多评估，教师还必须创建测量工具来界定这些质量水平（例如检核表或评价量规）。

教师们应该在评估的编制和评分上共同努力。这有助于建立评分者信度，形成对评估是否真正测量了标准和有效地运用了成功指标的共同理解。有效度的评估测量它所想测的东西；有信度的评估关注测量的一致性。当遵循这种合作过程时，评估更有可能达到这些标准，教师也能更好地了解他们自己以及其他人编制的评估的有效性和局限性。

**相关原理：**精准解释，评估目的

**主题：**评估设计，合作，分解和学习进阶

## 真的需要自己编制所有评估吗？可否运用他人创建的或来自教科书或程序的评估？

有计划的和有目的的评估应该建立在标准——这些标准有清晰的成功指标——的基础上。所用的评估类型要与标准匹配。只要做到这一点，且实施评估的教师对此有清晰的认识，他们就可以利用多种资源来编制评估工具。

从教科书或其他教学材料提供的评估开始，是一个有价值和节省时间的起点。教师应该用批判的眼光来审视商业化评估工具，评价其中所有的材料，以确定它们是否真正以最好、最有效的方式和必要的严格程度来评估标准以及最终是否为学生和教师提供了所需的信息。为了符合这些标准，可能需要对评估进行一些编辑或调整。评估工具出现在出版的商业化材料中，并不意味着这些评估具有最高质量或符合所有标准。教师的专业知识在做出这些决定时是无价的。

教师在评估设计过程中合作得越多越好。专业对话将有助于确保期望、成功指标和评估本身的清晰性。在相同的条件下，教师可以有效地使用其他人编制的评估。有良好设计和规划的评估架构的标准应该是工作焦点所在。



**相关原理**：评估目的，教学灵活性

**主题**：合作，形成性评估，总结性评估与评定

## 如何知道我已经编制的评估是一个好的评估？

以下问题为审查评估的有效性提供了指导。

需要明确以下几点：

1. 评估中是否有学习目标，学生是否清楚这些目标？

2. 评估方法是否与学习目标匹配？这种方法有效吗？（例如，如果学习目标中的关键词是“解释”或“分析”，那么这些试题是否真的让学生在适当的思考深度下采取这些行动？）若不确定，则将试题与每个学习目标配对进行检查。例如，参见表 4.2 中的单元评估地图（assessment map）。

3. 在评估中，学生对需要知道的和能够做的事情清楚吗？

4. 词汇是学生熟悉的吗？学生是否具备必需的背景知识？

做出行动要注意以下几点：

1. 当进行形成性评估时，学生会得到反馈、修改或指导，以推进学习。如果这是一个共同形成性评估，那么什么时候分析数据和学生的反应？什么时候进行干预和拓展？

2. 当评估服务于总结性目的时，借助于分数或等级的交流能否提供关于掌握程度（优势和下一步行动）的明确信息？

表 4.2　单元评估地图

| 标准 | 学习目标 | 评估（单元结束评估或共同形成性评估）中的试题 / 任务 |
| --- | --- | --- |
| 例子：写说明性或解释性的文章，要求确定一个主题，提供关于这个主题的事实，并得出结论 | 我可以写出关于该主题的信息；<br>我可以解释关于该主题的信息；<br>我可以提供关于该主题的准确事实 | 试题 1、2、5、6 |
| | | |
| | | |

让学生思考以下几个方面：

1. 如何从评估中反思自己的优势？

2. 如何从评估中反思自己的下一步或挑战？

3. 如何反思是什么让自己坚持、什么让自己放弃（自我调节）？

在审查评估以确定其有效性时，学生是极好的反馈来源。通过问以下问题让学生对评估的设计和实施进行思考：

1. 你觉得评估在多大程度上为你提供了一个机会来展示你的所知和所能？

2. 你是如何准备这次评估的？

3. 你的哪些评估准备工作做得不错？

4. 如果再来一次，你会有什么不同的做法？

5. 评估中有什么意外吗？

6. 你会如何改变评估，以更准确地反映你在本单元所学的知识？

7. 分享任何你认为重要的东西，以证明你的理解。

**相关原理：**评估目的，结果的交流

**主题：**形成性评估，前评估，总结性评估与评定



## 如何知道我的评估与州或国家考试匹配？我应该在多大程度上为考而教？

教师应该为考而教，因为他们的教学过程能引导学生在所有的认知复杂性上达到既定的标准。教师们知道，州考试和其他形式的标准化考试可能会全面评估学生的知识深度。如果教师不为学生提供达到适当的 DOK 水平的机会（例如，当标准为三级水平时，他们只教二级水平），那么学生就没有为州考试做好准备。同样地，教师也应该明智地——尽其所能——为学生提供机会，让他们体验州考试中可能出现的问题类型和样式。这不是说要复制问题内容，而是要复制样式，这样可以排除任务样式对展示掌握程度的潜在影响。毕竟，测试没有教过的东西是不公平的，用学生从未准备过的方式来测试同样是不公平的。

另外，如果课堂评估沦为一种考试准备——这种准备过度痴迷于对考试问题和样式的训练——为考而教就过分了。学生沉浸在严格的学习环境中——其中常规的期望就是达到标准的全部深度和广度——能为州考试做充分准备。充分掌握所需的理解和技能是最好的准备，因此，尽管教师复制州考试的样式和认知复杂性肯定会有

所帮助，但如果教学重点是创造一个环境，让学生真正发展，然后以有吸引力和有意义的方式展示他们对标准的理解，那么考试准备会更加高效。

**相关原理：** 精准解释，结果的交流

**主题：** 问责和标准化考试，严格性和认知复杂性

## 教学创新应该在多大程度上影响我的评估设计？

就教学创新的定义达成共识是很重要的。一些读者可能认为，一切聚焦于教学质量的新的或流行的教育理念都是教学创新。其他人可能将教学创新视为高等教育机构开展的研究项目，这些项目试图基于证据来确定对学生学习产生最重大影响的策略。无论如何，如果创新性教学实践有可能积极影响学生学习，人们就必须在评估架构中思考、计划和实施有效和创新的教学实践。

人们经常用建造房子来比喻搭建有效的评估架构。评估计划就是蓝图。质量指标和标准是指导设计的说明书。课程和内容是建筑的材料，就像混凝土和墙壁一样。教学通常在计划的最后部分，说明房子与众不同的设计。一座有三间次卧和一间主卧的房子是一个具体的规划，就像要求学生掌握阅读说明文的方法是一个具体的标准。蓝图有助于确定建筑所需的结构支架、管道和电线的位置，而评估计划有助于确定重要的学习检查点，以便学生和教师可以监控学习进度。混凝土基础、框架和屋顶有助于保护房屋免受天气影响，课程和内容则有助于确保学生能够在各种类型的文本中展示理解技能。最终，由两个不同的设计师完成的房子看起来会非常

不同。它可以是现代的，也可以是传统的，或者介于两者之间。同时，蓝图、材料和评估的基本原则是一致的。

教学设计是评估计划过程的重要组成部分。然而，只有在明确了学习期望并确定了测量学习的最佳方法之后，才应该考虑它。当评估证据揭示了需求时，教学设计也需要跟进。只要对期望、复杂性水平和学习进阶有共同的理解，教学方式上的个体差异或创新差异仍然可以促进学习目标的实现。



**相关原理：** 教学灵活性，学生投入

**主题：** 合作

## 确保我问的问题与我教的内容一致的最好方法是什么？

确保完全一致的最好方法是将问题倒置，并在教学开始之前就设计评估：确保能够支持学生在评估中取得成功的最好教学方法是什么？首先，教师必须从学习目标本身开始。一旦教师明确了学习目标的意图，包括所需的技能、知识和验证掌握程度的标准，他们就可以设计聚焦于这种意图的核心评估工具、提示和问题。只有在设计了评价之后，教师才能进行教学计划。然后，他们要考虑学生实现目标可能需要采取的新步骤。这就是逆向规划或基于设计的理解（Wiggins，McTighe，2005）的本质——评估指导教学规划。当教学在评估设计之后时，教师可以确信所提的问题会与所教内容保持一致。

相关原理：评估目的，教学灵活性

主题：形成性评估，总结性评估与评定，分解和学习进阶

## 我是否需要为每个学习经验编制一个评价量规？

与任何评估决策一样，工具的设计和使用取决于评估的目的和实施评估的情境。创建评价量规是为了明确与学习目标的成功指标相关的技能或理解程度。通过描述指标在不同掌握水平上的表现，教师和学生不仅可以识别当前的学习状态，还可以制订进一步发展技能和理解力的计划。实际上，设计良好的评价量规会使得未来学习的路径变得更加清晰。

然而，没有必要也不可能为每一段学习经验编制一个评价量规。首先，并不是每一个学习目标都可以通过评价量规来描述的。例如，在早期，学习目标通常是一个要回答“是”或“否”的问题。在这些情况下，教师可能会选择围绕频次而不是质量创建评价量规，或者他们可能更喜欢使用检核表或轶事记录而不是评价量规。其次，太多不同的评价量规对教师和学生来说太具有挑战性了。如果教师与学生运用样例共同构建标准或明确掌握程度，评价量规可能非常有帮助；但如果没有时间参与这种深度的构建，其他评估工具可能更容易为学生所理解。

相关原理：评估目的

主题：形成性评估

## 如何选择评估方法？什么时候应该运用选择反应评估、建构反应评估或表现性评估？

理解每一种评估方法都有其优点和局限性，是具有评估素养的表现。只有评估方法与标准或目标的全部认知复杂性匹配，并能在适当的时候指导下一步行动，才能得到准确的评估证据。

选择反应的优点是能够在相对较短的时间内评估大量材料。此外，由于教师可以高效地分析信息，因此可以很快对评估证据做出反应。对于只有一个明确的正确答案的标准或目标，选择反应题提供了其他两种方法无法提供的清晰度。然而，随着学习变得越来越复杂，对质量有了不同的描述（通常借助评价量规或能力量表进行评估），选择反应成为一种不太有效的获取证据的方法。

建构反应的优点在于，它对学生的想法提供了更全面的解释，这是选择反应做不到的。建构反应有很多种形式（从填空题到项目），但共同点是教师需要的学习证据比简单地选择正确答案要复杂得多。通常，随着标准和目标的认知复杂性的增加，教师会选择建构反应题，因为更大的复杂性带来了更多版本的正确答案。此外，教师需要关于学生思考的证据来了解学生达到标准或目标的程度，并确定如何最好地支持学生的下一步行动。

表现性评估是关于掌握程度的展示，它试图复现学生应用所学的真实环境。虽然从最严格的意义上讲，建构反应评估也可以是一种表现性评估（例如，科学家写研究论文），但表现性评估通常是教师为评估所需要看到或听到的东西的展示。表现性评估的真实性来自多种标准的整合，来自对情境的复现，或者来自除扩展性书面回答之外其他东西的创造。虽然表现性评估通常比其他两种方法需要更多的时间，但其生成的证据可以为涉及多个标准或目标的决策提供信息。最后，表现性评估丰富了学习体验，不只是学习的一种替代性展示。经历表现性评估的体验可以与所完成的工作一样丰富和有益。

**相关原理：** 评估目的，精准解释

**主题：** 评估设计，指标，提问

## 每次评估应该有多少个问题？

这个问题的答案视情况而定。按一般的经验，教师要能准确地确定学生的掌握程度，一个学习目标应该至少有5~10个证据。然而，教师可以在进程中收集证据。如果教师在总结性评估之前使用形成性评估来收集证据，那么总结性评估可能只需要两三个关键问题来证实先前收集的证据。

在小学阶段，教师能在教学进程中自然地收集证据。给一个年幼的学生很长的测试是不合适的，例如，如果只是要求学生在一个单一的情境中找到一个字母七次，就认为他们认识这个字母，那是不准确的。在初中阶段，为了确保学生对掌握目标，合适的做法可能是针对一个目标设置5~10个问题。

**相关原理：** 评估目的

**主题：** 评估设计

## 是否可以在同一评估甚至同一指令中测量多个标准或目标？可以分开评估吗？

这个问题的答案取决于评估的目的。如果评估是形成性的，并且教师正在使用它来改进学习，那么针对单一标准的评估可能是好的。单一标准的评估有助于以下几个方面：（1）确定常见的误解或错误；（2）诊断学生的准备情况；（3）提供必要的干预以促进每个学生的学习。如果评估是总结性的，并且教师用它来证明学习，那么多标准评估可能是最有益的，因为标准的整合会带来以下几方面的好处：（1）形成更可靠和综合的评估设计；（2）揭示学生对所涉及的全部知识和技能的掌握；（3）为教师提供更多结构化的机会来观察高阶思维。

> **相关原理：** 评估目的
>
> **主题：** 评估设计，形成性评估，总结性评估与评定

## 可以在评估中放一些非常简单的问题，以便每个学生至少都能得到一些分数吗？

这个问题说明了形成性评估和总结性评估之间有着重要关系。在大多数情况下，如果仅仅是为了让每个学生都至少得到一些分数，要避免提出简单的问题。最好是通过一个最佳的、渐进的形成性评估过程来建立信心，让学生看到，随着单元的进展，问题的复杂性增加了，自己的掌握程度也提高了。当参与总结性评估时，学生们已经准备好接受反映学习目标复杂性的问题了。如果在总结性评估到来时再建立他们的信心，就为时已晚了。

在设计评估工具或过程时，以下是关于复杂性的一些实际考虑。首先，将评估一个标准或学习目标的所有试题或任务归类是有效的。没有必要将学习目标的评估混合在一起，如果那样做，学生的思维就必须跳跃地来理解每个试题。这可能会导致疲劳和不准确的结果。相反，要编制足够的问题来评估每个标准或目标，并在适当的时候将它们放在一起。

其次，建立信心无疑是确保学生坚持完成评估的有力策略——有了信心，学生就会做得更好。然而，教师们不能期望学生等到总结性评估后才建立信心。在整个单元中，学生应该追踪自己在实现目标上的信心和成功。当进行单元结束后的评估时，学生已做好准备，不再需要低水平的试题。学生意识到自己已经进行过练习，就会充满信心地参与评估。

在进行形成性评估时，这条规则存在例外。如果简单的问题能让你洞察到学生是否达到了标准、哪些特定的知识或技能仍在制造困惑、困惑的原因是什么，那么简单的问题可能会有用。然而，教师们希望确保学生在本单元结束时掌握其年级水平要求的知识和技能，所以他们会在总结性评估中把评估的大部分精力花在那些反映整体标准的试题上。

**相关原理：**精准解释，评估目的，结果的交流

**主题：**前评估，总结性评估与评定

## 年级水平和课程之间的纵向匹配对课程和评估有多重要？

纵向匹配（vertical alignment）是更宽泛意义上的课程和评估匹配的重要组成部分。在课程开发时，团队应该在整个过程中开展关于纵向匹配的对话。教师不应假定商业化生产的教科书具有体现所有标准所必需的纵向匹配。通常，这些对话有助于确定教学材料和标准本身存在的差距。

教师参与围绕纵向匹配的合作对话，有助于他们更好地理解对先前年级和课程以及后续年级和课程的期望。这些理解可以帮助教师更好地了解年级和课程中的标准，从而为分解学习进程和制定指标提供信息。这些信息既可以帮助学生确定成功所需的先决技能，也可以帮助那些提早达到掌握水平的学生拓展学习。教师可以分享当前年级之前和之后的基本标准，并就所描述的学习之间的差异进行对话，包括学习内容如何从一个年级到下一个年级变化和发展。纵向分享评估也有助于深入理解纵向匹配、需要强调的重要内容以及学习进阶的方式。

**相关原理：**精准解释，评估目的

**主题：**领导

## 如何将技术用作评估架构的一部分？

首先，如果被有目的地运用，技术是一种可以为教师和学生的决策提供准确的评估信息的工具。其次，技术可以提供有效的收集信息的方法，使评估的实施和分析都能更快地进行。最后，技术可以为学生在表现性评价中创建一些东西（例如学生创建的博客、信息图表、网站等）提供方法。这三个原因都支持强大的评估架构。

在最基本的层面上，技术工具可以取代纸笔方法——学生可以在电子文档上打字，或者在幻灯片上制作演示文稿，而不是实物海报。在更复杂的形式中，技术可以帮助协作，从而获取没有技术支持就无法获得的资源、观点、产品或表现。例如，学生可以与那些能够提供所学主题的第一手资料的科学家、作家或组织合作。在最高级的形式中，学生可以使用技术工具创建网站或产品，并与同伴和教师以外的受众分享。他们或许可以通过一些社交媒体收集来自世界各地的信息，而且能够在网站上发布一些东西，告知其他人对当地或全球公民至关重要的东西。这是技术最强大的地方。

技术也为真实和鼓舞人心的反馈提供了途径。学生可以从其他学生、社区成员或专家那里收集反馈，以进一步推进他们想要完成的任务。教师也可以使用技术来提供反馈。有许多应用程序可以帮助教师检查学生的作业，并提供音频和书面评论，以指导学生明确自己的优势和下一步行动。

技术作为一种评估方法的潜力及强化反馈的潜力都可以提供更深入的参与和更真实的受众，以作为真实的评估架构的一部分。考虑到预期的目的，以下问题可以指导如何在评估架构中有效地运用技术：

1. 要测量的学习目标是什么？
2. 技术会如何强化材料、方法、表现方式？
3. 是否所有学生都能获得用在评估方法中的技术？
4. 学生们需要学习什么技术才能成功地做到这一点？

5. 运用技术是否有任何不利之处，是否会导致对学习内容的偏离？技术是否有可能降低评估结果的准确性和可靠性？

6. 该如何确保技术不会成为学生展示其掌握程度的障碍？

7. 怎样才能确保不仅仅是因为技术看起来很花哨或时髦而运用它？

这些问题可以帮助指导技术在评估架构中的有效运用，从而强化学习，避免表面上的效率或光鲜，并维持可靠评估架构所必需的深度和有效性。



**相关原理：** 精准解释

**主题：** 形成性评估，总结性评估与评定

## 如何使评估具有文化回应性？

不只是种族多样化的情境才需要文化相关的评估和文化敏感性评估。所有的学生能从多元视角和基于优势的文化观（strength-based view of culture）中得益。吉妮瓦·盖伊（Geneva Gay，2002）、格洛丽亚·拉德森·比林斯和玛丽·路易丝·戈麦斯（Gloria Ladson-Billings，Mary Louise Gomez，2001）的研究成果可以支持文化回应性的表现任务和教学（Culturally responsive performance tasks and instruction）。按照盖伊（Gay，2002）的说法，我们可得出以下结论。

> 文化回应性教学被定义为利用不同种族学习者的文化特征、经验和观点来更有效地进行针对性教学。它基于这样的假设：当学业知识和技能被置于学生的生活经验和参考框架中

时，就会变得更有个人意义，更有趣味吸引力，更加容易和彻底地被学习。

教师通过确保信息来自多重视角，展示基于优势的多样性例子，并提供（对学生）有意义和真实的解决现实问题的场景和机会，使评估具有文化相关性和响应性。

比林斯（Billings，2009）进一步将文化相关的教学描述为“一种通过使用文化参考框架来传授知识、技能和态度，从而在智力、社会、情感和政治上给学生赋权的教学法”。考虑到这一点，教师可能会问自己：“评估如何提出真正的问题让学生去探索？如何设计评估以帮助学生研究多重视角并提出解决方案？表现性任务或其他评估过程如何培养社会正义感和变革感？”

具有文化回应性的评估方法意味着批判性地分析任务本身所做的假设。谁的视角被分享了？它们是否带有一种单一性，即只有一种方式去体验或看待一个事件、人物、故事或情境？在思考任务的文化相关性时，请考虑以下问题。

1. 被评估的标准或学习目标是否明确？是否明确这些目标对学生来说为什么重要、有趣和有意义？

2. 是否参照和探索了多重视角？基于优势的种族和文化的视角与压迫的例子之间是否存在平衡？自由与压迫的例子是否平衡？

3. 所使用的信息来源是否为对立的观点提供了证据？

4. 学生是否能够探索自己个人的文化理解？学生的世界观、学习偏好、信念和价值观是否反映在评估过程中？

5. 任务的说明能否让每一个学生明确？是否有引导性的文字任务奠定了基础或提供了背景？

6. 是否有一个带有适当动词的重点任务——该动词直接反映了预期的学习（“产生”还是“解释”；“创造”还是“识别”）？

7. 任务真实吗？能否使学生形成解决方案的能力？能激发社会变革吗？是否在追求育人？

8. 任务是否能在课堂的情境和时间范围内得以完成？是否为学生明确了指标，以便他们了解高质量是什么样子的？（参考评价量规和评分检核表）

9. 教学中是否教授了有助于学生在评估过程中取得成功的技能？

10. 教师能否（在教学和任务设计中）意识到学生在课堂上的交流模式？有没有为学生消除障碍？

文化回应性意味着要对学习目标和追求这些目标的学生有敏锐的感知。开放的评估环境、所使用的资源和文本、学生展示其学习的方式以及教师尊重学生的方式都是建立文化回应性评估的关键。

**相关原理：**精准解释，结果的交流

**主题：**评估设计，总结性评估与评定

## 评估用途

### 如何平衡真实评估和传统评估？

这个问题的答案取决于对“真实”和“传统”这两个词的理解。一般来说，真实评估意味着基于现实生活或应用经验的评估。类似地，传统评估通常指的是基于正确和错误答案来评分的测验或选择反应试题。

也许我们应该从学习的角度来看待评估。要支持下一步行动或证明掌握程度，需要评估什么？收集信息最准确和有效的方式是什么？真实评估和传统评估都服务于最终目标的实现；挑战在于为预期的结果而选择最佳的方法。有时，简明准确的回答（传统评估或选择反应）就能提供获得信息的最佳途径。挑战在于不要假定速度和效率能带来全面和准确的评估结果。大多数标准都是按表现水平呈现的，因此选择反应评估永远无法全面评估学生将所有学习整合到有意义的表现中的能力。在评估标准的全面性时，重要的是考虑更多真实（或建构反应）评估。

> **相关原理：** 精准解释，评估目的
>
> **主题：** 评估设计，真实性评估，形成性评估，总结性评估与评定

## 如何平衡评估架构和教学灵活性？

保持评估架构和灵活性之间的平衡，就是要为最常见的误解做好计划，并准备好在必要时做出教学调整。灵活的教学不是凭感觉；它涉及教学调整，其中大部分是教师可以预见的。之所以需要在课中评估，是因为要基于这样一个问题：教师在课中如何知道学生是否还在学习？过去，教师经常是几天后才会在评估（比如一个不及格的测验）中发现，几天前所教的东西未被学生掌握。通过精确的计划，教师可以灵活地做出最高效的反应，因此，看似处于两极的评估实际上可以无缝对接以加速学习。

为了保证教学灵活性的最大化，评估架构应该考虑以下三件

事：（1）在我所教的这门课中，最常出现的误解是什么？（2）在上课过程中，我如何知道误解出现了？（3）如果出现了误解，我该在教学上做些什么？第一个问题明确了形成性评估可能发挥作用的领域，第二个问题的答案涉及评估时间的安排，而第三个问题是关于灵活性的。如果课中评估没有发现任何误解，教师就知道最好的行动是进入下一教学环节。另外，一些学生肯定能从进一步澄清或额外的练习中受益。关键是在必要的时候进行教学调整。

上述过程也会在共同形成性评估——在那里需要团队合作以确定学生的下一步行动——中以更大的规模来运用。虽然可以对预见到的误解进行事先计划，但评估也有可能揭示出没有预料到的误解，这使得教师之间的合作过程更有价值、更加重要。在这种情况下，教师可以共同设计教学回应措施，以解决新发现的学生需求。关键是，在任何水平上，评估架构（精确性）和教学灵活性（弹性）都可以和谐地共同发挥作用，以使教师能够最好地回应学生。（有关教学灵活性的更多信息，请参见第七章）

**相关原理：** 教学灵活性

**主题：** 干预与指导，提问

## 合作团队成员都应该使用相同的评估吗？

专业学习共同体是围绕以下三大观念组织起来的：（1）关注学习；（2）注重协作文化和集体责任；（3）注重结果（DuFour et al.，2016）。共同评估为关注学习和结果提供了必要的数据，从而促进有效的协作。如果没有共同评估，那么很难想象团队会有效地工作，因为这种共同评估的证据确保了团队以类似的方式解释标准。一个团队用来评估标准的方法反映了教师用来确定学生期望的做法。用多项选择题还是要求学生生成自己的反应来评估标准是有很大区别的。关于用什么类型的试题来理解学生的掌握，教师的共同决策对于团队按照共享的目标和成功指标来检查学生的作业至关重要。对这些共同评估证据的分析有助于了解学生的优势和需求，从而让团队知道哪些教学实践有效以及要保证学生个体和群体往前走需要设计什么样的教学。共同评估实际上是用以澄清“什么是学会”的一套共享的语言和过程。团队可以共同制订评估计划，以确定如何以及何时评估最有意义——这种意义既关乎学习也关乎教学。

虽然团队应该花时间和精力利用来自共同评估的信息，但这并不意味着教师不能根据学生的需求确定形成性评估。教师当然不能只局限于使用共同评估来确定学生所知和所能。

**相关原理：**精准解释，教学灵活性

**主题：**合作，专业学习共同体

## 合作团队成员应该如何确保一致地运用评价量规来评分？

评价量规对学生和教师而言都是很有价值的工具，因为它具体地描述了学生的表现。与任何工具一样，评价量规只有有效并适当地被运用，其真正潜力才能得以发挥。如果一个团队决定使用一个评价量规来为一个共同评估打分，那么还应该花时间来确保其得到一致的解释。

第一步是就量规和要求学生完成的任务进行合作对话。团队成员应该清楚对学生的期望以及评价量规语言的含义。

第二步，学生完成任务后，团队进行协作评分。理想情况下，特别是在总结性评估情境中，每个学生的作业将得到两次评分，或者由两个教师审阅和评分。如果时间不允许，团队应该留出一些时间来校准，其中每个团队成员分别对证据样本进行评分，然后进行协作讨论，以便团队成员对每一份学生作业达成共识。这样可以使后面只由一位教师评分的评估更为准确。在这个过程中，还应该花时间检查评分的精确性和相近性，同时审查评价量规。每次使用评价量规时，都应该花时间审查它，考虑学生是如何理解评价量规的以及评价量规是否明确区分了不同的质量等级。当有新成员加入团队中，或者当团队更改了学生的任务时，上述做法尤其有用。

**相关原理：**精准解释，教学灵活性

**主题：**合作，学生参与及动机

## 可以让一组学生一起完成评估吗？

研究证明，合作学习对学生的学习很有好处。然而，在评估情境中运用合作学习，可能使评估变得不清晰。这并不是说合作评估不可能实现，但教师必须在计划评估和评分方面采取非常明确的步骤，以确保评估准确地反映每个学生的学习情况。并不是每个标准或学习目标都适合于合作学习。教师一旦明确了学习和合作评估之间可以匹配，就应该采取某些设计步骤。

1. 在整个合作过程中，每个学生都应该有机会在个人层面上以及集体层面上展示他的学习。

2. 要理解所有小组成员的学习和贡献，学生和教师都需要反思工具。

3. 观察检核表或评价量规有助于在合作学习过程中收集数据。

4. 总结性评估可以在合作学习之后进行，所以团队可以一起学习，但在学习结束时展示技能和理解的责任由个体来承担。

**相关原理：** 评估目的，学生投入

**主题：** 合作，关键能力

## 仅仅通过观察来评估可行吗？

当学生执行标准中阐述的技能要求时，一些标准和学习目标肯定可以通过观察来评估。教师应该在评估前制定明确的成功指标，明确在观察中收集学生表现信息的过程。例如，在学前班或小学阶段，不可能完全依赖于书面表达（或不可取的），就可以通过观察来评估。教师可以使用数据收集表，这种表格围绕具体的标准来组织，且为收集每个学生的数据留下空间。当学生在独立完成作业或在作业中心完成作业时，教师就可以通过与学生互动，来收集与该标准相关的学生表现的证据。

观察可以是收集学生在特定标准上表现的一种有价值的方法。教师应该明确期望和成功指标，并用有效的方法来收集每个学生的信息。

**相关原理**：评估目的，学生投入

**主题**：真实性评估，早期学习

## 如何处理特殊教育环境下以及针对语言学习者的评估？

特殊教育环境下的学生和作为语言学习者的学生有权且应该获得高质量的评估经验和方法，这些经验和方法应准确地反映他们的学习情况，而不会因为他们处理信息的方式不同或正在学习另一种语言而降低认知水平。教师使用评估计划来清晰陈述学习目标，同时也要注意特殊的语言学习目标，即作为语言学习者的学生也要参与评估。这就向教师团队和其他与该学生相关的教师发出信号，即教学和形成性反馈应该聚焦于这些语言目标，以确保学生处于通往标准的道路上。评估计划也需要注意，让有特殊学习需求的学生参与教学和评估。向在语言学习以及在支持异常学生（neurodiverse learners）方面具有专业知识的同事请教，这对于确保准确开展教学和评估至关重要。这个评估计划是学生和教师获得关于知识和技能的准确信息的基础。对所有学生来说，在学习过程中形成性地运用评估是必不可少的，对有多样学习需求的学生或作为语言学习者的学生来说更是如此。提供描述性反馈并确保学生根据反馈采取行动，这一过程将帮助他们取得进步并达到标准。这些都是有利于所有学生的环境。

有特殊需求或语言需求的学生同样应该按照年级水平标准被评估，并且要参与和这些年级水平标准相关的学习。这些学生可能需要额外的调整或支持，以展示他们的所知和所能。对于教师来说，决定要调整什么是非常困难和复杂的，这就是与其他教师合作的价值所在。对于语言学习者来说，确定语言目标并确保学习者有充分的对话来学习和探索词汇及语境是教学过程的一部分。要确定哪些调整能帮助学生展示掌握的程度，哪些调整需要对期望或标准本身进行修改，教师之间的对话是必不可少的。

创建详细的学习进阶是评估设计过程的重要组成部分。这些进阶描述了学生更复杂的思维和行为方式（Erkens et al., 2017）。重要的是，学习进阶不仅反映了掌握程度，而且反映了学生达到掌握水平的过程中的步骤。这些学习进阶有助于指导评估设计，也有助于教师和学生都能确定学生在学习过程中的位置。对于语言学习者和有特殊需求的学生来说，要了解自己在达到标准的过程中处于何处、要达到标准下一步需要做什么是非常重要的。

**相关原理：**评估目的，结果的交流

**主题：**英语学习者

## 如何在多年级环境中实施评估？

在多年级环境中，评估架构依赖于与传统环境相同（如果不是更明确的话）的清晰度。不同之处在于，一个课堂里的学生将同时朝着不同的学习目标努力。这意味着教师需要花时间为多个年级厘清目标和成功指标。此时，过程依然是一样的，但工作量增加了。

然而，在多年级环境中，教师可以采取一些步骤使评估的设计、实施和分析更加合理化。首先，教师可以绘制学习目标地图，在两个（或更多）不同年级之间找到相似之处，以便进行计划和教学。例如，教师应该会注意到，虽然四年级和五年级的学生有一些不同的学习目标，但他们在写作叙事文本、理解说明性和文学文本以及正式演讲方面的目标是相同的。通过绘出重叠的区域，教师可以同时开展指向这些目标的评估和教学，使课堂环境让人感觉不那么支离破碎。对于这些共同的目标，评估工具可能很相似，且尽管随着学生年龄的增长，对他们要求的严格程度会有所变化，但成功的指标可能仍然很相似。

其次，在一个多年级环境中，教师也应该会发现，对用来评估学生的工具和方法进行调整会很有帮助。即使学生们致力于不同的学习目标，让学生参与类似的评估过程也是有帮助的。例如，如果一组学生正在探索环境可持续性，而另一组正在研究酸和碱，评估学生的工具可能是相同的（例如创建流程图或表格）。这意味着教师可以发出相同的口头指令，适用于不同的内容，从而减少了教师从一个组转向另一个组的时间。

再次，当教师在多年级环境中对评估信息做出反应时，根据相似的需求对学生进行分组是有帮助的。通过这种方式，不同年级的学生可以因为有相似的需求而处于同一组中。例如，九年级的学生可能需要额外的帮助来练习运用来自文本的证据以支持答案，十年级的学生可能也有同样的需要。这意味着即使学生在不同的年级，对评估的回应也可能是相同的，他们可以被分在一个组中一起练习。

许多在多年级环境中工作的教师会觉得自己每天都在不同学生群体之间来回奔波。然而，如果他们能抽出时间来设计评估和反应过程，利用学习目标之间的相似性，就能减少这种应接不暇的感觉。他们还可以帮助学生理解，学习不是在不同的年级学习孤立的内容，相反地，它是一个在旧知识基础上不断添加新知识的过程。这是多年级环境能够支持的一个健康的视角。

**相关原理：**精准解释

**主题：**差异化，分解和学习进阶

## 如果必须遵循进度指南，而我知道学生未为评估做好准备，那么我该怎么办？

进度指南是一种良好的工具，可以确保学生在接下来的学习中掌握取得成功所必需的知识和技能。但是进度指南是工具，而不是规则，所以在执行的过程中，更重要的是诚实（integrity）而不是忠实（fidelity），即坚持工具的精神而不是工具的规则。进度指南体现了教师对学生掌握概念所需时间的最佳预测，但学习不是表演，不能按照脚本来演。

应对这种困境的最佳方法是主动出击。当教学团队在教学之前编制总结性评估时，可以制定战略决策，通过精简、压缩，甚至去除课程中那些不能确保学生为达到标准做好准备的部分，以在学习计划中找到时间来响应潜在的学生需求。

如果在提前设计后，仍然需要额外的时间，且所需的时间大大增加，那么在团队中合作解决问题是有帮助的，对进度指南做相应的调整，同时保证进度中最重要的部分仍然可以得到适当的关注。教师团队可以一起确定也能放到其他地方、加以改变或精简的部分，或者任何其他能让团队在所要求的时间内进行重要部分的教学的策略。

**相关原理**：教学灵活性

**主题**：共同评估，进度指南

## 如果实施表现性评估，但学生缺席，那么我该怎么办？

当学生被要求创造、制作或复现真实的学习环境——在这种情境中学习意味着应用（表现性评估）——而他们缺席时，教师有几个选择。选择取决于许多因素，仔细考虑这些因素可以帮助采取最佳行动。考虑以下问题。

1. 如果学生的缺席是合理的（例如疾病或家庭原因），而不是因为对评估本身的恐惧，那么等他们回来再完成评估是最好的方法。如果由于时间限制无法让学生重新完成评估，那么也许可以简化评估方法（例如，学生接受访谈或录像给教师，而不是完成全部的评估内容）。通常有多种方法可以评估技能和知识。

2. 如果作为小组的一部分，他们却缺席了，那么这可能很棘手，但当学生回来时，让小组一起出席仍然是最理想的。如果小组在缺少成员的情况下继续进行评估，那么缺席的成员仍然需要陈述或录制他负责的那部分。在任何情况下，所有的学生都应该按照预期的标准单独评分，而不是依赖于小组其他成员的分数。缺席的学生通过视频或访谈分享另一种观点或作业的另一方面，也不失为一种选择。

3. 如果学生缺席的原因与评估本身有关（例如他们紧张或害怕），那么更细致的回应是必要的，与学生谈谈缺席的原因。这时，要承认他们的焦虑，并考虑其他选项，比如只向教师展示、录音或写下来（如果最终目标不是说出）。如果有另一种评估方法可以收集学生对标准的掌握程度的准确信息，那么在评估同一指标时也可以提供另一种方法。询问学生他们想如何展示他们的理解是很有好处的。

4. 如果学生缺席是因为他们没有准备好，那么关于设计和计划表现性评估过程的对话可以帮助引导学生反思他们没有准备好的原因以及他们下次可能采取的不同做法。随后，学生仍然必须执行、呈现或进行评估。如果标准是非常重要的，那么评估就不是可有可无的。对这一类学生，关于准备程度这一非学业指标要记较低的分数，来表明他需要更多的准备工作。

缺席本身是有细微差别的，因此关注缺席的原因有助于教师做出反应，从而对学生在意向标准上的掌握程度以及诸如及时性和准备程度之类的非学术行为做出准确的推断和解释。

**相关原理：** 精准解释，结果的交流

**主题：** 评估设计，真实性评估，行为

## 家庭作业在评估中应该扮演什么角色？

任何精通一门手艺的人都能证明，成功之前需要大量的练习——其中经常包括一些困难和大量的错误。马尔科姆·格拉德韦尔（Malcolm Gladwell，2008）认为，要成为某方面的专家，需要一万小时的练习。针对性练习的价值既是常识，也有严格的研究证据。但是有一些指南可以使练习更加有效。就像俗话所说的："练习不会使之完美，练习会使之固化。"

家庭作业是最常用作练习的，如果使用得当，那么它在评估过程中会非常有效。有几个基本原则可以使家庭作业成为评估过程中宝贵的练习。

1. 练习应该从一个清晰和透明的目标开始。在家庭作业中，目标应该是由学生生成的，且要与学业标准直接相关。

2. 练习应该允许冒险和犯错。如果练习结果被记入成绩单，那么它就很重要。如果在学习过程中出现了错误，这些分数被记录下来并包含在最终成绩中，那么学生以后就没有机会达到掌握水平。如果在学习过程的早期就已失去掌握的机会，那么学生为什么还要练习呢？

3. 练习应该生成有焦点的、诊断性的反馈，这些反馈将推进目标并促进学习的最终成功。符号、等级或分数只是对所发生的情况的记录，不能告诉学生什么需要改进以及如何改进。如果练习是为了带来改进，那么学生就需要关于做到和未做到的基于事实的证据，并且不会因此受到惩罚，从而能做出必要的调整，并保持再次尝试的动力。

许多教师抱怨说，如果不在成绩单上给学生打分，学生就不愿意进行这样的练习。但学生一次又一次地证明，如果反馈非常有价值，如果反馈能提供走向成功的指导，那么他们就会主动地投入练习，甚至比教师布置的练习做得更多。

**相关原理：**评估目的

**主题：**形成性评估，家庭作业

# 评估审查

## 我应该多久批判性地审查一次我的评估，以确保它们是好的？

对评估工具和过程的批判性审查可以随时进行。例如，在教学过程中可能会有这样一个时刻，教师和学生对学习目标有了新的认识，评估就需要进行调整以反映这种新认识。或者，教师观察参与评估的学生，注意到学生有明显的犹豫和不确定，就可能需要探究评估本身，以确定出现困难的可能原因。也就是说，在学习过程中，确保评估有效的审查过程通常会发生两次。

第一次是在单元教学开始之前。这时，教师为本单元选定标准并确定学习目标。如果使用特定来源的评估，如前几年的评估，或者其他教师的评估，教师就应该进行分析，使评估与标准保持一致，以确保它们与学生的学习目标匹配。有时，教师会修改已确定的试题或任务，同时增加其他试题或任务，以确保评估准确地反映学生所要学习和实现的目标。这种教学前的分析确保了教学过程中（单元中）的教学活动和形成性反馈是清晰和有针对性的。

第二次是在学生完成评估后。教师（个人或团队）分析评估产生的证据，除了确定那些在基本学习目标或标准上需要额外的时间和支持的学生，他们还要寻找学生错误理解或需要修改的试题。如果发现一个试题的措辞很糟糕，或者可以用多种方式解读，就应该舍弃掉这个试题，而不能用它来确定整体掌握水平（或传统评估系统中的等级）。然后，要对这些试题进行修改，以便下次评估所用。有时，任务的设计或评价量规的措辞需要修改。因此，根据学生作业发出的信号进行调整，是对评估证据进行分析的最佳时机。

无论教师何时进行评估审查，重要的是，在第一次使用一项评估时，确保试题或任务中没有可能导致结果不可靠的措辞问题、设计缺陷、偏见或假设的背景信息。当评估是表现性任务时，在评估过程中会有一些不明确或存在偏见的地方需要调整。当学生正处于表现性任务或产品创作的起始阶段时，教师可以随着过程的展开修改评价量规、检核表或操作指南。对评估工具的改善可以在任何需要的时候进行。

**相关原理**：精准解释，评估目的，结果的交流

**主题**：前评估，总结性评估与评定

## 评估产品和过程的方式有区别吗？

答案既是肯定的，也是否定的。无论评估的是一个过程还是一个结果，评估的基本原则是通用的和永恒的。然而，当评估聚焦于过程而不是结果时，实际的评估过程更有可能要进行调整。

无论是评估结果还是过程，教师都必须清楚地陈述他们正在评估的标准或目标、所要涉及的知识深度以及描述学生应该达到的结果或过程的质量（掌握程度）的成功指标。结果和过程都需要这种清晰性，以保证评估方法与预期的质量和复杂性程度明确匹配。

结果和过程之间的不同之处在于教师用来收集证据的评估程序。教师可以不用在产生结果的同时进行评估，但对过程的评估通常（尽管不总是）需要教师和学生同时参与。这适用于表现性评估，因为教师需要实时看到或听到展示出来的学习。因此，虽然评估的基本结构保持不变，但操作方式有了变化。

**相关原理**：精准解释，结果的交流

**主题**：真实性评估，指标

## 远程学习环境中的评估架构

在远程学习环境中，一种很有诱惑力的做法是运用最直接的方法来评估学生，即直接从现成单元计划中挑选作业和测试，并简单地将它们嵌入在线计划中。虽然这种方法在某些情况下肯定是实用的，但在其他情况下则不然。相较于在面对面的环境中学习，远程学习要复杂得多。远程学习环境中教师监控学习、与学生同步互动以及及时调整的能力受到更大的挑战。评估架构可能需要改变，以满足教师和学生的特定需求。在远程学习环境中，为确保强大的评估架构，教师需要考虑以下几点：

1. 明确要评估的学习目标，包括对学生需要采取哪些行动来证明熟练掌握程度以及对这些行动的质量（成功指标）的明确描述；当教师在教学和评估之前抽时间来考虑学习目标的维度时，就可能更容易检查学生学习的产品，并依据所收集的信息做出决策。

2. 与学生及其家人就远程环境所提供的每一段学习经历的目标进行沟通；在做出决策时，形成共同的理解，对于安排活动、提供反馈和组织评估信息都是有益的。

3. 收集学生对远程学习环境中评估过程的反馈，这包括确保评估过程不会占用过多的时间，并为学生提出澄清性问题提供时间。

4. 对灵活的评估方法保持开放；这意味着要考虑到一些学生资

源（时间资源、支持资源、技术和材料）有限，并在可能的情况下进行异步的（asynchronous）评估，然后在需要澄清时进行会谈。公平和平等的观念在远程学习环境中具有重要意义。一些学生可能能够轻松地在虚拟环境中操作，而另一些人可能需要支架。至关重要的是，确保需要支持的学生不会因为他们与学习目标相关的技能和理解而受到惩罚。另外，公开视频和照片文档有利于学生互相交流他们的想法，并有助于教师解释这些交流。

5. 明确形成性评估和总结性评估之间的联系，并将之与学生及其家人交流；重要的是，每个人都要明白，如果实践和探索能与有针对性的指导和反馈相结合，那么掌握程度会提高。教师需要学生投入支持成长的学习体验和形成性评估中，这样就可以在必要的时候进行干预并提供支持。学生需要清楚地理解和体验形成性评估在总结性成就中的作用，以使远程学习环境能支持学习而不只是支持任务完成。

# 第五章

# 结果的交流

评估学生的技能和理解是一回事，而如何将这些结果传达给学生及其家人以及其他利益相关者则完全是另一回事。正是评估设计与对评估的回应之间的关系决定了一个评估系统的成败。因此，在很长一段时间里，有关评估结果的交流问题一直困扰着教育系统。

做出关于结果传递的决定需要对评估目的——包括理解证据的用途，确定那些接收、解释和使用信息的人的需求——有深刻的理解。最后，评估结果的交流必须能够引发学生及所有支持他们的利益相关者的有效回应。这种有效回应可能是反馈，也可能是学生自己设定目标。结果可以通过数据记录本或成绩单上的分数来呈现。教师团队也可以合作运用评估结果来设计干预和教学支持措施。在更公开的场合，教师和学生可以共同主持家长会。如何最好地传递评估信息是教育的许多关键方面的基础，探索与该主题相关的问题对于保证学习和准确性具有重要意义。

## 交流结果的目的



### 为什么结果的交流如此重要？

除非教师和学生能够有效地运用评估的结果，否则评估的实施最终无法让学生受益。清晰的沟通是必要的，这样所有的利益相关者都能够理解并利用评估结果。

形成性评估的目的是促进更多的学习。通过有效的反馈来交流结果是一种帮助学生缩小自己表现与标准或期望之间差距的方法。这种反馈应该是描述性的和及时的，而且要建立在学生当前的理解水平上。当教师将这些信息清楚地传达给学生时，学生就能够主动采取必要的步骤来达到标准。这就要求教师在与学生沟通并为他们的学习设定情境时深思熟虑且有目的性，这样学生就可以根据反馈采取行动。

总结性评估结果的交流需要同样程度的准备和计划。由于总结性评估的目的是确定某一特定时间点上的学习水平，因此关于结果的交流应准确反映这种水平。过去的传统评分系统不断被质疑，尤其被质疑的是将学生在标准上的成就之外的信息包括在内。无论学校是否采用基于标准的评分系统，大多数教师都在探讨如何准确、简洁地交流学生的学业成就。

**相关原理：** 精准解释，学生投入

**主题：** 形成性评估

## 如何将今天的评估与未来的学习联系起来？

如果评估的目的是引出证据，让每个学生都能清楚地了解自己的优势和需要加强的地方，那么评估与未来学习的联系就会更加紧密。当评估结果揭示了学习目标和学生现状之间存在的需求时，评估就被形成性地运用了。从本质上讲，教师利用评估促进学习的能力取决于对有效且可靠的评估信息的有效利用，且这种信息是通过仔细设计和准确解释收集到的。

关键在于，教师提供给学生的反馈要能引起有效的反应，且学生实际上利用从教师（或同伴或自己）那里得到的反馈来提高或至少试图提高他们的掌握程度。使用反馈的最大障碍之一是成绩、分数或等级。如果学生对自己最初的成绩感到满意，那么成绩就有可能抑制学习。如果未来的学习是评估的预期结果，那么只在指向总结性目的的评估中运用成绩、分数或等级似乎是更明智的。形成性评估可以被称为信息性评估（informative assessment），因为其目标是告知教师和学生下一步要做什么。

另一个策略是创建聚焦于准备情况的评估过程。无论是通过在教学单元开始时的前评估，还是通过在课时开始时的快速检查，在教学之前确定优势和需求的评估都会自动优先考虑未来的学习，因为它强调下一步的而非过去的学习。

**相关原理：**评估架构，教学灵活性

**主题：**差异化，反馈，形成性评估

## 形成性评估和总结性评估的交流



### 在形成性评估中标记分数是错误的吗？

专家们在这一点上意见不一。国际公认的评估顾问肯·奥康纳（Ken O’Connor，2011）认为形成性评估应该只生成反馈而不是分数，而其他一些人，如著名的教育研究者罗伯特·J. 马扎诺（Robert J. Marzano，2006，2010）则认为，学生必须在形成性评估中得到符号或分数，否则他们将无法确定自己相对于目标处于何处——而这正是形成性评估过程中的一个关键因素。

奥康纳、马扎诺和其他评估专家如道格拉斯·里夫斯（Douglas Reeves，2016a，2016b）、托马斯·R. 古斯基（Thomas R. Guskey，2015、2020）、汤姆·席默尔（Tom Schimmer，2014、2016）、汤姆·席默尔，加尼特·希尔曼和曼迪·斯特莱斯（Tom Schimmer，Garnet Hillman，Mandy Stalets，2018）之间也有一个共同的观点，即学生必须能够持续地提高学业成绩。因此，形成性评估可以生成符号或分数，只要学生能够超越早期的分数，到最后显示已掌握。

解决这种困境的一种方法是观察学生对所做决定的反应。如果实践对学生产生负面影响，那就改变实践。如果分数似乎导致了固定型思维，那么就只进行反馈。另外，如果一个分数明显地激励和鼓励了学生，那么这种做法就对学生产生了积极的影响。

对于教师来说，最大的难题在于使用在线成绩单，它容易抑制成长，原因有两点：（1）它记录了会在课程结束时计入平均成绩的分数；（2）它向所有利益相关者披露分数，而这些分数可能无法得到一致的理解。

有三种方法可以快速解决这个难题。

1. 取消成绩单上的平均分。在教学进程中跟踪标准，然后在之后的作业样本中寻找众数（所生成的最常见的分数）。

2. 在输入将被计入成绩的评估结果时，将其权重设为零，这样就可以输入学生在形成性评估中获得的分数，但不会把它计入最终成绩。

3. 在形成性评估中使用另一种评分系统，如 +/−、NY（尚未）、P（进步），或用字母来代替易于累计和平均的数字。例如，使用标记符号可以帮助学生监控自己在走向总结性评估的过程中的成长，把更传统的分数留给总结性评估来生成。

当然，可行的具体做法取决于评分软件，所有的评分软件系统都是不同的。教师需要共同努力，为学生探索最好的可能性。

**相关原理：**评估目的

**主题：**形成性评估，总结性评估与评定

## 哪些评估结果是一成不变的？哪些是可以改变的？

从理论上讲，任何评估结果都可以改变，因为评估测量的是某个时刻的技能和理解。学习是持续的，因此，评估结果会随着教学的推进而改变。特别是形成性评估的结果应该是变化的，因为形成性评估的结果是用来促进学习的。如果形成性评估的结果不可改变，教师就无法像预期的那样成功地影响学生的学习。

在有前瞻性和目的性地设计重评时，教师可以直接将其嵌入学习单元。教师创建一个路径来显示每个目标在评估中的位置时，就可以更容易地用新证据取代旧证据，以确定学生什么时候掌握了必

要概念和技能。

此外，尽管教师经常将学习目标整合进单元学习中，但需要记住的是，大多数需要给出等级的学习目标都是要求在单元、季度、学期或学年结束时实现的——即使正式的教学是在9月份进行的。因此，当教学进展到一个学习单元结束时，总结性的结果可能已经确定了，但学生实际上要到学年结束时才会获得必要的技能和理解。9月份的总结性结果可能会被次年5月份收集的新评估证据所取代——因为那时教师会复习这些概念，学生的掌握程度也会提高。

尽管如此，学校通常还是会在学年中的特定时间在成绩报告上呈现评估结果，并与家长和监护人分享这些结果。这通常发生在教师以一种更加具有总结性的方式验证学习的时候。当教师将这些评估结果传达给家庭时，它们需要更有持续性，至少能持续到教师在下一个报告期报告新的内容之前。

最后，教师要与学生和家长沟通如何收集和分享评估结果，这些结果如何变化以及在什么情况下变化，这可以帮助教师为要分享的评估结果做好准备。

**相关原理：**评估架构

**主题：**形成性评估，成长型思维，总结性评估与评定

## 报告系统

### 如何将分数转换为百分位数或字母等级？

教师在从传统评分系统过渡到更注重标准的评分系统时会面临

一种困境，将表现水平转换为基于百分位的等级就是解决这种困境的一种不完美的方案。解决方案不完美，因为每种做法都有优缺点，而且百分位数系统本身也是有瑕疵的。

一种方法是在源头上进行转换。例如，在单个学生样本中，1~4 分的量表可以转换为每个百分比增量的中点。也就是说，4 分相当于第 95 百分位，3 分相当于第 85 百分位，2 分相当于第 75 百分位，1 分相当于第 65 百分位（以 A~F 或 60~100 的评分标准举例）。教师甚至可以将 0 分转换为 55 百分位（其含义为“证据不足”）。这样，与学生表现相关联的分数会立即被转换为百分比，并结合起来确定学生的整体成绩，如果这一过程仍然是学校、地区或部门的系统和常规的话。转换立即发生，这使得教师能够将基于百分位数的成绩单纳入基于等级的评分实践。不足在于，没有一个学生能够获得第 96~100 百分位的成绩，考虑到学校或社会文化规范，这种结果可能会导致不同程度的不完美。

另一种方法是按 1~4 分量表评定和跟踪学习表现，然后与单一标准上的成就结合起来，最后进行转换。要做到这一点，教师需要重新思考他们收集学习证据的方式。如果通过传统任务类型（如测试、测验、作业）跟踪 1~4 分的展示水平，那么可能会导致相当不准确的成绩，因为同一标准出现在所有任务类型之中，而在确定成绩时，不同的任务类型被赋予了不同的权重。按标准进行跟踪（即使教师使用任务类型标签来传达评估的大小和范围）更有可能提高准确性。

运用这种方法要思考的第二个方面是，对学习的单一展示如何影响整体掌握水平。教师们需要确认最近的、更近的或更一致的表现水平是否最准确。对准确性的最大负面影响是将不同时间点上学生在同一标准上的表现加以平均，特别是在展示的时间间隔很长的情况下（在不同标准或学科间进行平均不一定是有问题的）。

关键在于，学生的掌握程度必须准确反映他们的全部理解程度或技能。例如，如果一个学生开始时得 1 分，结束时得 3 分，因此教师将其判定为 2 分，并且在所有标准中都这样做，那么从反映学生最近的水平来说，将不同标准上的分数整合起来会产生非常不准确的结果。如果学生开始时得 1 分而结束时得 3 分，那么将学习掌握程度判定为 3 分似乎更准确。教师采用多少样本来做出评估决策取决于教师，但在这种情况下，整合不同标准上的表现能产生更准确的结果。

参考表 5.1 中的示例：假设每个标准的分数都像前面描述的那样确定得非常适当，教师可以轻松地找到标准的平均数（在本例中是 2.9），并轻松地使用百分比等效表（percentage equivalent table）或成绩匹配工具（grade alignment tool）来确定总的百分位数〔参见第 136 页，“如何在成绩报告系统（四分制、百分位数、字母等级等）之间建立关联？”以获取成绩匹配工具的样本〕。

**表 5.1　一系列标准下的学生学业成绩**

| 标准 1 | 标准 2 | 标准 3 | 标准 4 | 标准 5 | 标准 6 | 标准 7 | 标准 8 | 标准 9 | 标准 10 |
|---|---|---|---|---|---|---|---|---|---|
| 2 | 3 | 4 | 3 | 3 | 2 | 4 | 3 | 3 | 2 |

如果教师将之转换成字母等级，那么 2.9 可以四舍五入为 3.0，这可能相当于 B。评估中的一切都可能有细微差别，且对情境非常敏感，所以转换必须在逻辑上符合学校的规范和惯例。在全年级或全校范围内采取一致的方法，是保证清晰透明的最佳选择。无论是

在源头还是结果处进行转换，将表现水平转换为百分位数都是一个有瑕疵的过程。话虽如此，在基于百分位数的系统中使用等级或基于评价量规的评估可以为学生提供成长的关键信息，也可以为教师在验证学习质量时提供清晰的信息。



**相关原理**：评估目的，精准解释

**主题**：报告，总结性评估与评定

## 如何在成绩报告系统（四分制、百分位数、字母等级等）之间建立关联？

在成绩报告系统之间建立关联的最简单方法是根据逻辑进行匹配，同时不要将系统过度复杂化，尤其是在帮助家长理解系统如何相关联的时候。表 5.2 给出了多个系统之间清晰且合理的对应（假设成绩量表为 60~100，A~F）。

表 5.2　成绩匹配工具

| | | |
|---|---|---|
| 4 | 95% | A |
| 3 | 85% | B |
| 2 | 75% | C |
| 1 | 65% | D |
| 0 | 55% | F |

当然，这种方法的一个假定是，四个级别代表了及格或达到期望的水平。另一个假定是，最终的百分位数成绩需要用上一问题描述的过程来确定。（参见第 133 页，“如何将分数转换为百分位数或字母等级？”）

如果学校决定只使用三个等级，那么它们将取消 D 等级，将 75% 的最终成绩设置为及格的门槛。单个样本的成绩不能低于 65%（即 1 分，尚未达到的水平）。这能将 1 分（65%）和 2 分（75%）联系起来。

关键是要在数字痴迷（number obsessed）和数字恐惧（number afraid）之间找到平衡。最理想的评定是始于科学（数字），终于艺术（判断）（Schimmer，2016）。这能为等级的确定建立一个高效和有效的程序。数字可以让人更好地看到整体情况，但教师——而不是计算机——才是学生成绩的最终决定者。

然而，还有一种方法是完全放弃百分制或基于百分位数的系统，这样就无须做转换工作。如今许多学区已经这样做了，他们选择了各种各样的替代方案，其中最常见的是使用逻辑规则来代替。在逻辑规则系统中，学生毕业时仍会获得传统的成绩单和平均绩点（grade point average，GPA），但最终分数建基于一套门槛指标（threshold criteria），而不是数学算法。一个学科内的教师根据他们的基本标准共同建立具体的门槛指标。所有用来决定一个等级的任务都是根据标准的要求确定的，具有适当的严格性。然后对证据进行审查，以确定每个等级所反映的质量水平。表 5.3 是逻辑规则表的一个示例。

无论采用哪种方法，与学生及其家人分享以提高透明度都是至关重要的。

表 5.3　门槛指标的示例

| 等级 | 门槛指标<br>充分的最新作业样例表明—— |
| --- | --- |
| A | 内容：<br>• 内容上无重大错误或遗漏<br>过程：<br>• 在最近的作业样本中，没有低于 3 分的<br>• 过程标准 1~5 中，至少有 3 个获得 4 分<br>• 过程标准 6~10 中，至少有 50% 获得 4 分 |
| B | 内容：<br>• 至少四分之三内容的掌握程度得分为 3 分或更高<br>• 在任何内容掌握程度测验中，都没有低于 2 分的<br>过程：<br>• 过程标准 1~5 中，至少四分之三的得分为 3 分或更高<br>• 过程标准 1~5 中，没有低于 2 分的<br>• 过程标准 6~10 中，没有低于 2 分的 |
| C | 内容：<br>• 至少有一半内容的掌握程度得分为 3 分或更高<br>• 在任何内容掌握程度测验中，都没有低于 2 分的<br>过程：<br>• 过程标准 1~5 中，至少四分之一的得分为 3 分或更高<br>• 过程标准 6~10 中，没有低于 2 分的 |

**相关原理：**精准解释

**主题：**报告，总结性评估与评定

## 公开成绩单以让学生及其家人可以获取，这是个好主意吗？

这当然是好的，但是就像大多数事情一样，这取决于如何做。一个潜在的缺点是，一份公开的成绩单可能导致成绩和评分吸引过多的注意力。评分并不是为了提高分数；它既不是一种学习策略，也不是一种干预。通过公开成绩单，家长和学生可能会过度关注于成绩、分数和等级，而更少花时间去关注学习质量或后续的学习类型。一个平衡的评估系统运用阶段性的验证作为日常的形成性评估策略的补充；公开成绩单可能在不经意间传递出关于评估优先事项的矛盾的信息。

这并不是说成绩不重要；它们非常重要。随着年龄的增长，学生会将更多的注意力集中在 K–12 经历之后的高等教育和生活上。学生知道，成绩和它（应该）传达的内容仍然是判断他们是否能进入某些学校、项目或获得机会的重要筹码。然而，增加成绩展示的频率或可见性并不能提高学业成就。

在最好的情况下，公开的成绩单可以创建一个更有效的沟通系统。虽然公开的成绩单不应该被视为真正的面对面（或至少是语音）交流的替代品，但它可以提供关于学生当前学习相比较于预期学习情况的洞察，至少可以初步确定学生是否需要更多、更个性化的干预。

公开成绩单有一个难以解决的困境，就是需要去填写。教师不能承诺了定期向家长更新公开的成绩单却从不更新，却依然声称所有评估都是形成性的。在这种情况下，学校必须向家长们明确表示，成绩单不会每日更新。更频繁的总结性评估并不是解决问题的办法——这通常会导致学校用形成性成绩填写成绩单，这显然背离了大量评估研究的结论。也就是说，公开成绩单中的大多数形成性分数都应该是零权重的，以确保形成性分数不会影响最终成绩。对学习进程的追踪有助于更全面地理解总结性评估的结果以及后续的行动。运用这些信息来确定成绩是不适当的。

用档案袋或作业样例来补充公开的成绩单，可以确保学生及其家人持续关注成长和学习。创建一个包括但不限于一个公开成绩单的交流系统，可以传递关于课堂中每天发生的事的更复杂、更准确的理解。

**相关原理**：评估目的，学生投入

**主题**：父母的参与，报告，总结性评估与评定

## 成绩单的格式由学区决定，我无法改变。我能做些什么吗？

如果教师不能改变成绩单的格式，那么就应该改变确定成绩的方式，以使成绩单上的内容准确无误，并反映可靠的评估。许多教师需要面对自己无法控制或影响的成绩单格式或电子评分程序，但他们可以通过与校长、学区工作人员甚至学校董事会的持续而清晰的沟通来实现长期的调整和改变。同时，教师可以在自己可控范围内进行调整，使成绩单更接近理想。

尽管存在着传统的评分系统，教师还是可以改变自己的评分方法，这仍然完全在他们的控制之中。例如，即使被要求用百分位数进行评分，教师也可以改变评定方法，不再把新旧证据加以平均，而是创建一个更聚焦于标准的报告系统。首先，使用最新的（用直接的二元标准）或更近期的（用更复杂的标准）证据来确定成绩。其次，改变证据的初始组织方式。在大多数情况下，教师可以控制成绩单的设定。将评估从按任务类型划分转向至少按课程领域或类别来划分，将能更好地在教学实践和评估实践之间达成一致。

教师可以将评估焦点从传统的考试、测验、作业、实验等，转到课程领域上（以英语语言艺术为例，这些课程领域可能包括阅读、写作、口语、听力和语言熟练程度等），而不是考试、测验、作业、实验等。科学教师可以通过《新一代科学教育标准》（*Next Generation Science Standards*，NGSS Lead States，2013）中的八项科学和工程实践来组织学习。关键在于以组织标准的相同方式来组织学习证据。

由于学生可以通过作业、测验和考试展示出在标准掌握程度上的增长轨迹，因此按任务类型来报告通常会在成绩单上产生重叠的证据。如果那样组织证据，需要更长学习时间的学生在成绩单上就会处于不利地位，因为早期的证据往往会与后来的证据结合在一起，形成处于中间的平均数——这种做法与追求达标的想法不一致。

关键是要确保生成成绩单的评估实践是可靠的。这样，学生、家长和教师就可以相信成绩单上的信息是学生在学习过程中真实情况的准确反映。

**相关原理：** 评估目的，精准解释

**主题：** 报告，标准

## 学院和大学要求提供百分位等级，放弃百分位数是否会使学生处于不利地位？

大学期望基于百分位等级的成绩？这是一个虚假的说法。虽然大学可能想要一份传统的成绩单，但这并不意味着成绩必须以百分位数为基础。鉴于高等教育机构已经接受了来自非传统背景的学生，它们只接受传统成绩单的说法也是错误的。

学校确实有义务向大学提供必要的信息，同时采用准确可靠的评分系统；完全有可能采用更好的评分方法，但仍然以传统的成绩单呈现。许多学校采用基于掌握程度的评分标准或基于证据的成绩报告，最后仍然使用传统的成绩单。

有人会说，评分制度的改变会损害平均绩点和大学录取情况，因此改变是不可能的。然而，有许多合理的反面意见。

1. 大学会将某学区的 4.0 绩点与该州其他学区的 4.0 绩点进行比较，因为有证据表明，并非所有的 4.0 绩点都是等值的。

2. 随着时间的推移，大学的期望已经发生了变化，它们想要看到的远不止传统的智力指标。

3. 大学已经建立了自己的额外申请和审查制度，以验证并改进平均绩点。

4. 大学希望招到最优秀的学生，因此也会接受那些来自不实行传统评分制度的学校的学生。

5. 大学也明白，传统的评分系统正在给他们自己的系统带来问题，一些大学正在探寻替代方案（Schimmer，2016）。例如：

- 麻省理工学院的新生在第一学期只以及格（pass）、不及格（fail）或没有记录（no record）来评分，麻省理工学院最好的教师与新生一起学习，以帮助他们留在大学。
- 韦尔斯利（Wellesley）学院的学生在大一的成绩单上只有及格或不及格的成绩，但他们的实际成绩也会显示出来〔这些成绩被称为影子成绩（shadow grades）〕。

6. 更细化的基于标准的评分通常能比其他评分系统提供更好的信息（例如，在内容和过程掌握程度上更清晰，并将出勤、及时性、责任心等重要指标单列出来）。

就像所有学习组织一样，大学也在改进，所以在假设他们的偏好之前，更重要的是要问他们目前在寻找什么——以及接受什么——作为入学条件。事实上，下面的列表包含了除平均绩点之外的潜在的成功指标，这些指标通常是大学对高等教育候选人进行的潜力审查的一部分。

1. SAT 或 ACT 成绩①（或其他外部考试成绩）。

2. 修过的高级课程（荣誉课程、大学先修课程）数量。

3. 他人的推荐信。

4. 课外活动。

5. 志愿者工作。

6. 问答题（通常是 1~6 篇文章），阐述个人目标、优点和缺点等。如：

- 个人目标
- 优点和缺点
- 领导经验
- 解决问题能力的证据
- 自我驱动的证据
- 社交媒体上留下的足迹

成功地改变了评分方法的学校和学区通常会邀请大学参加，这样就可以与高等教育机构合作，确保他们的学生最终达到大学和奖学金申请的标准。

① SAT 全称为 Scholastic Assessment Test，即学术能力评估测试；ACT 全称为 American College Test，即美国大学入学考试。

**相关原理：** 精准解释

**主题：** 报告，总结性评估与评定

## 如何在一个基于标准的系统中处理荣誉榜？

关于像荣誉榜这样的传统做法和结构是否仍然适用，有很多争论。尽管如此，一些学校可能希望继续使用荣誉榜；事实上，当这些学校采用基于标准的系统时，他们最终可能会得到更准确且有意义的荣誉榜结果。

传统上，教师是通过分数的积累来决定成绩的。虽然大部分分数是通过学业评估积累的，但学生也可以通过其他方式获得分数，包括遵循要求（例如签署同意书）以及展示“适当”的行为。可能有一些共同的做法指导班级和学校决定荣誉榜的名单，但也不可能产生一个详尽的列表，列出学生可以积累分数的所有其他方式。也就是说，学校确实会生成成绩和荣誉榜。然而，要明确荣誉榜的入选只反映了校际一致的学业掌握程度，将是一项挑战。

在一个基于标准的系统中——其中的成绩完全取决于证据的质量，教师用来决定荣誉榜名单的学业成绩的可靠性会提高。这并不是说像绩点这样的简化过程是一种报告全面的学业成绩的方式——它实际上也不是。可以说，至少在基于标准的系统中，成绩与学习更紧密地联系在一起，这将使成绩的确定更加一致。但是，为了确保信度，需要对实践和过程进行更细致的检查。从根本上讲，选择继续使用荣誉榜的学校，必须明智地采取必要的措施来确保他们用来比较的分数（如果这是他们决定荣誉名单的方式）尽可能有意义。

值得一提的一个方面是，荣誉榜至少不是一个让学生与另一个学生竞争的过程。与更常规的班级排名不同，荣誉榜通常会设定一道特定的门槛，所有学生都有机会达到这个水平。这可以为更多的学生带来期望和成就感。所导致的与公平和包容性相关的额外问题是正常的，但至少这个过程反映的是学生自身而不是课程。

**相关原理**：精准解释，学生投入

**主题**：指标，总结性评估与评定

## 如何确定有资格获得奖学金的学生？

虽然许多地区用排名来决定奖学金，但这与评估的核心目的背道而驰。排名意味着比较和常模参照，而标准参照的评估没有竞争，也不限制达到特定掌握程度的学生数量。这意味着，如果仍然需要或期望按排名决定奖学金，那么就有必要做出一些妥协。毫无疑问，学校利用绩点来决定奖学金的归属并非一个错误的做法，但是如果百分位数不再是评分和成绩报告的一部分，那么更多的学生可能会集中在某个特定水平。

首先要做的可能是调整奖学金的要求。评委们可能会考虑增加一些更有说服力的元素，比如档案袋，而不是只考虑绩点，以帮助做出奖学金决定。增加的元素支持越来越全面的决策观，并鼓励学生关注自己成长和发展的多个方面。这会降低效率吗？也许会。它会更有效吗？同样可能。通过更深入地考察质量和细节，学校可以为奖学金的确定提供更实质性的理由。

在学期或学年结束之前，不过分细致地划分等级可能会有所帮助。虽然在单一的学习展示中划分较少的等级更为有效和可靠（例如，基于标准的评估就是这种情况），但在最后做出更精细的区分也是可能的。例如，使用加减量表（plus-and-minus scale）来区分一段时间内作业的稳定性，可以更容易地帮助决定奖学金。一个几乎总是能高质量完成作业的学生可能会得到A+，而一个能高质量完成大部分作业的学生可能会得到A，而一个能高质量完成多半作业的学生可能会得到A-。教师可以用这种方法给每个竞争奖学金的学生分配一个数值，并以此计算绩点。表5.4展示了运用上述逻辑规则的过程。

表5.4　绩点加减量表

| 学生作业单一样本的水平 | 高质量完成多半 | 高质量完成大部分 | 几乎总是高质量完成 |
|---|---|---|---|
| 优异的（4） | A-（3.5） | A（3.75） | A+（4.0） |
| 熟练的（3） | B-（2.75） | B（3.0） | B+（3.25） |
| 发展中的（2） | C-（2.0） | C（2.25） | C+（2.5） |
| 初学者（1） | D-（1.25） | D（1.5） | D+（1.75） |

需要明确的是，每个作业样本都要从四个水平进行评判，但最终的区分将根据表现的稳定性从大量证据中得出。表5.4是对这个不完美的过程的一个不完美解决方案。当排名甚至成为一个相当重要的优先事项时，问题就变成了我们愿意接受哪些妥协。

**相关原理：**学生投入，精准解释

**主题：**指标，总结性评估与评定

## 高质量反馈

### 如何找到时间给每个学生及时和具体的反馈？

首先要记住的是，并不是每一次反馈都必须耗时费力。反馈的全部意义在于重新启动学习，所以强调质量比数量更重要。少量但更有针对性的反馈是易于获取且适用的，比几页纸难以解释的书面反馈更可取。鲁伊斯-普里莫、李（Ruiz-Primo，Li，2013）和威廉（Wiliam，2018）等人一致认为，反馈可以促进学习，所以腾出时间进行高质量反馈是至关重要的。形成性反馈循环圈必须优先考虑的是确保以学习为中心的课堂顺利展开。

反馈的关键是要及时且具体，并与学生根据反馈采取行动所需要的时间匹配。如果没有给学生时间去采取行动，教师提供的任何反馈都是无用的。教师需要为给学生太多的反馈而感到内疚，因为学生没有足够的时间来调整和做出必要的改变，并加深学习。根据学生可用的回应时间来决定反馈的数量。此外，虽然有些学生确实有许多需要改进的方面，但要把反馈的重点放在最紧迫的、处于或略高于学生当前状态的方面。这可以确保反馈不会对学生要求过高。这种方法还能使形成性反馈循环在更小的范围内更频繁地实施。

这些方法本身也可以创造效率。不要认为反馈是在作业或表现产生之后才发生的，而要把它看作学习过程的一部分。以线索（如用荧光笔）、问题或提示形式呈现的反馈与以完整的句子或段落形式呈现的反馈一样有效。记住，反馈的重点是启动更多的学习，通过使用线索、问题或提示，学生将不得不进行更多的思考。

有时候，教师替代学生想得太多了，即便是出于合理的原因。学生思考得越多，长期成长的潜力就越大。

最后，目标应该是让学生通过自我和同伴评估提供他们自己的反馈。教师的反馈总是更加专业；然而，这并不能否定学生在如何提高他们的学习质量方面有很多可以相互交流的地方。初学者可能需要更多来自教师的反馈，但随着学生熟练程度提高，教师可以慢慢地将这种责任移交给学生。教师要始终让所有学生参与进来——重要的是他们要验证自我评估的要求。然而，让学生参与评估确实可以解决时间紧张问题并提高效率。学生可以随时获取自己的想法，这意味着自我评估反馈始终是可行的。

**相关原理**：教学灵活性，学生投入

**主题**：反馈，自我和同伴评估

## 高质量反馈有何特征？

任何能激发更多学习的反馈都是高质量反馈。虽然关于有效反馈的细节有很多值得注意的地方，但最重要的一点是，教师的反馈要促使学生尝试去提高自己的掌握水平。如果教师不给学生提供时间和指导，让他们根据反馈采取行动，如果学生不采取后续行动，反馈就会变得毫无用处。

关于反馈的分歧在于，学术界一致认为反馈是促进学生学习的因素，而对反馈中绝对有效的因素却没有明确的认识（Ruiz-Primo，Li，2013；Wiliam，2018）。有一些做法确实可以带来良好的结果，但是与评估的大多数方面一样，反馈效果好的原因是微妙的，且具有情境敏感性。因此，教师在实施研究普遍认为的最好做法时，密切关注学生的反应是明智的。最重要的是，反馈必须引起其接收者的有效回应（Erkens et al., 2017）。

有哪些良好的做法呢？以下是对有效反馈最关键的质量元素：

1. 目标参照。在提供反馈时，将思考和对话的重心放在标准或学习目标上。

2. 可操作性。可操作的反馈意味着反馈向学生提供可以用于改进的下一步行动。可操作的反馈是明确具体的，并预见未来的学习。

3. 提供下一步行动。在反馈措辞选择上要聚焦于下一步行动而不是过去，这会微妙地传递一种信息——学习还没有结束，改进才是首要任务。

4. 对用户友好。尽管学生应该熟悉学习目标的基本术语，但尽量不要用太多的技术术语压垮他们。学生要能理解反馈，这样才能更好地运用它。

5. 持续。学生需要明白，评估是教师和学生之间持续的对话，而不仅仅是定期发生的事件。

6. 可控性。反馈必须是可控的，以便学生采取行动。学生可以优先考虑最紧迫的事情，并专注于“紧接着的第一步”（first next steps）。因为反馈循环是持续的，所以将来会有时间解决其他误解。

7. 基于优势。有效的反馈平衡了优势和劣势。教师只有追求明确学生已经具备的技能和理解而不是简单地关注缺陷，学生才能维持希望和效能感。

这些良好的质量指标可以为教师提供正确的起点。然而最重要的是，反馈常规不能一成不变，要让教师和学生找到他们的最佳反馈点。虽然给出反馈时可能不确定什么一定会起作用，但每个班级和每个学生肯定知道什么对自己有用。

**相关原理：** 希望、效能感与成就，教学灵活性，学生投入

**主题：** 反馈

## 及时反馈意味着什么？没有时间在所有评估中为所有学生提供这样的反馈，怎么办？

学生应该及时获得反馈，以便利用这些反馈来加强和改进自己的学习，进而达到学习标准。反馈应该推动学生的学习，因此，教师必须在学习过程中提供反馈以支持学习。每天向学生提供这种反馈是非常困难的。反馈是一个过程，通过关注质量或成功指标，使学生理解预期的学习。学生有时会被大量的反馈压垮，而教师也可能疲于给出反馈，因此，针对一两个领域（聚焦于指标）并将学生对反馈的回应整合到课程所设计的流程中，有助于将教师在课外做的反馈转变为指导教学和学生后续行动的实践。

教师应对这一挑战的另一种做法是，设计针对特定领域的形成性评估任务来进行反馈。例如，当教授写作标准时，教师可以用不同的写作任务来提供不同写作维度上的反馈，而不是每次都提供所有方面的反馈。因此，一个任务可能给出关于主题陈述维度的反馈，而另一个任务可能给出关于组织结构维度的反馈，还可能有任务用来就描述性语言进行反馈。教师可以在学生实施写作过程的课堂上提供这种反馈。当学生学习时，教师在课堂中巡视，与学生进行简短的对话并提供反馈，学生可以即时根据反馈采取行动。教师

也可以使更系统的形成性评估的反馈有针对性。这对教师和学生来说都是更可控的，因为他们都可能会因为需要处理许多不同的反馈而不知所措。教师在规划教学单元时，逆向安排机会来提供这种有价值的反馈，将有助于教师和学生提前计划好如何最好地利用这些信息。

**相关原理**：学习文化，学生投入

**主题**：反馈，形成性评估

## 学生参与交流

### 学生的自我评估是否会影响我的评估决策？

教师的职责是对任何有意义的学习决定做出最终评判。教师作为专家，他们对学生表现的解读必须占据最大的比重。这就是说，让学生参与评估过程，对自己的学习结果做出自己的解释，这也不是完全不恰当的。

事实上，学生的自我评估不仅没有错，而且应该受到鼓励。长期以来，评估一直是对学生做的事而不是与他们一起做的事。让学生在评估过程中从被动参与者转变为主动参与者是鼓励他们投入学习的有效方法。关键在于确保学生为自我判断做好准备，这些准备包括清晰的学习目标、明确说明的成功指标（特别是在涉及评价量规的情况下）以及对如何根据指标推断质量的理解。另外，必须从一开始就让学生明确自我评估的目的和用途。一旦奠定了这个基础，就可以获得真实且准确的自我评估。

学生的自我评估是否会影响教师的决策，答案可能取决于自评活动的目的。理想的情况是，学生的自我评估会影响关于下一步学习的形成性决策。让学生投入自己的学习中，并决定下一步要做什么以及实现目标的必要过程，这是他们主人翁意识的体现。

自我评估对总结性决策的影响有点麻烦。必须注意到学生给自己的分数有可能是不准确的。形成性目的完全聚焦于内部，唯一的利害关系是下一步的学习，总结性成绩对学校之外的生活有更大的影响力。但是，这并不是说所有学生做的总结性判断都是不诚实的，而是强调这些总结性判断的准确性必须由专家来检验。如果学生已经为自己确定的水平的合理性提出了坚实的论据（基于证据并与指标直接相联系），那么让学生的自我评估影响总结性判断是没有问题的。没有这个前提，学生的自我评估可能缺乏可靠性，教师也可能会受到其他无关紧要因素的影响。

因此，让学生的自我评估产生影响并没有错，但教师必须有目的地组织、有意地教授和持续监控学生的自我评估，以确保他们能从经历本身中受益，而不仅仅是将其视为获得分数的一种手段。

**相关原理：**评估目的，学生投入

**主题：**形成性评估，自我和同伴评估，总结性评估与评定

## 如何与学生分担展示学习成果的责任？

与学生合作展示学习成果的第一步是让他们参与评估决策。这意味着与学生沟通学习意图和目标，让学生进行自我评估和设定目标，帮助他们监控自己的成长，并赞扬他们的优势。此外，学生一

旦投入与自己相关的学习，就会有兴趣与他人分享自己的学业成果，因为这对他们很重要。因此，设计具有吸引力和能建立自信的评估过程可以使学生更容易分享（Dimich，2015；White，2017）。

接下来，教师可以用许多方法与他人分享学生的学习成果，如可以选择使用档案袋（数字的或传统的）、课堂博客或刊物、社交媒体网站、通信或其他出版物、照片或视频。可能性是无限的，并且有许多可用的资源来支持这项工作。

重要的是，要明确沟通的目的，并确保方法和过程与此目的一致。同时必须考虑隐私以及学生与受众的舒适度。学习成果的公开展示必须聚焦于优势和赞扬，以保护学生的情绪安全感。

学生对这一过程享有自主权的另一个好处在于，他们可以将与他人分享的学习成果用作反思和未来学习的跳板。学生会反思自己的档案袋是如何随着课程的推进而变化的，而且可以将在年初创建和分享的作品与年终创建的作品进行比较。这确保了这个过程不仅仅是把图片钉在墙上，相反，它会成为持续学习的一部分。

**相关原理：** 学生投入

**主题：** 报告，学生参与及动机

## 家长沟通与透明度

### 怎样才能帮助学生及其家人理解“专业判断”的概念？

除非整个评估系统都是关于非对即错的，否则教师总是要用他们的专业判断来确定掌握程度。例如，当使用评价量规时，教师会做出所谓的评分推断（scoring inference）。学生的展示和评价量规之间没有直接的关系，教师必须审查学生的展示，然后将其表现与特定的质量水平相匹配——这就是专业判断。

"主观"这个词经常出现在关于评估的谈话中，并且被视为评估的消极一面，但事实并非如此。专业判断的确是主观的，但它能得到关于学生表现分析的多年经验和实践的支持。一位有10年教学经验的教师（每年平均教7个班级，每班平均有30名学生，平均有35份用于总结性目的的作业）至少分析过73 500个学生样本。这位教师完全有资格在不依赖算法的情况下运用自己的专业判断。

在与家长交流时，有两个方面非常重要。首先，表现指标必须透明，这样家长和学生就能清楚地知道教师的专业判断的基础是什么。这有助于避免学生认为自己的成绩、分数或等级与教师对他们的看法有关系。其次，教师——尤其是那些教授同一年级水平科目的教师——必须有目的地定期校准表现指标，以确保专业判断的标准是一致的，这样学生的成绩、分数或等级就不会因给出专业判断的教师不同而异。积极主动地解释如何使用专业判断以及为什么它是有效的，能让学生和家长参与到评估过程中。

**相关原理：**精准解释，评估架构

**主题：**合作，指标，专业判断

## 当评分方法受到家长质疑时，我该怎么办？

首先要做的是倾听，家长有权表达自己的意见。当家长质疑甚至挑战教师的做法时，防御性的反应太常见了。记住，家长实际上只是在为自己的孩子辩护，并试图理解一个复杂的教育过程。教师不应该因此而责怪家长。虽然家长的做法可能不太讨人喜欢，但重要的是要记住他们的总体目的。

家长说的应该是有道理的。也许评估的某些方面确实可以进行改进或澄清。尽管这可能令人很难接受，但这很重要。然而，要确保家长的这种担心或质疑有实质意义，而非单纯地不喜欢孩子所获得的成绩、分数或等级。虽然这种质疑可能只是家长对孩子的表现失望和自尊心受挫的表现，但也有可能他们真的认为有些质量维度被忽视了。无论是因为前者还是后者，教师都要聚焦于澄清家长担心的具体问题，明确教师团队为确定单个分数或整体分数而建立的评估指标。教师可以要求家长通过指出他们认为存在疏忽或错误的地方来验证他们的说法。（希望）这可以使家长清楚地看到这些决定不是针对学生个人的，而是基于孩子的作业质量。

此外，要始终坚持以可靠的评估实践为基础来解释评定。毕竟，评定是一种评估。不能让评定建基于某种奇怪的哲学信仰，而要运用可靠的评估原则。将评定决策建立在可靠的评估研究基础上是有正当理由的，所以当家长可能不喜欢或不同意某种做法时，教师可以用这一套指导评定决策的研究成果为自己的做法进行辩护。

质疑通常来源于缺少清晰性，或者不理解评估实践和过程。一些习惯做法可以解决这些问题。教师可以积极主动地与学生和家长沟通成绩（无论是单个作业样本还是整体证据）是如何确定的。透明性有助于预防质疑的发生。一旦所有人都知道游戏的规则，游戏就会变得更容易进行。模糊甚至隐藏的评定方法会让人感觉像是在要花招，不可避免地会引起家长和学生的反感。同时，要确保评估证据具有高效度和信度。这意味着教师需要排除偏见，避免使用过于复杂或太过简单的评估任务。

评定是为了验证学习是否与明确的学习目标相关，每个人都应该提前知道如何完成学习以及与哪些目标相关。教师可以通过与学生共同构建指标和鼓励自我评估，让学生参与到评估过程之中，以此增强他们的能力。这样，学生自己就能够向家长解释他们是如何被评定的。

**相关原理：**精准解释，学生投入

**主题：**指标，父母的参与，报告，总结性评估与评定

## 远程学习环境中的交流

在远程学习环境中，教师越来越依赖于与学生和家庭之间清晰有效的双向沟通。亨德森、马普（Henderson，Mapp，2002）认为，与家庭建立牢固的伙伴关系对学生的整体学业成就有巨大的好处，特别是当这种伙伴关系聚焦于学业目标和支持时。正因为如此，将加强交流纳入整体评估系统至关重要。在远程学习环境中，为了加强评估结果的交流并使之支持真正的伙伴关系和理解，教师可以考虑以下几点。

1. 评估交流是一种旨在促进共同理解的策略系统，不能仅仅依赖于单一的方法或工具。这意味着教师需要经常分享评估过程的目的（形成性评估、总结性评估、自我评估）；分享成功指标，让总

结性决策保持透明；分享学生学习的样本，并与学生合作构建学习故事来反映学习的进步和产品或表现的改善。

2. 运用形成性评估来分析优势和需求，提供及时和具体的反馈，调整教学，安排学生分组，并选择有意义的资源。因此，教师要尽可能避免对形成性评估进行评分，这样学生就更有可能去冒险，敢于暴露自己的需求而不用担心受罚。当有证据显示学生已经掌握时再进行评分或评定，这会让学生将关注点转向学习的证据，而不是是否会被评定，或者得了几分。

3. 根据学习目标，运用透明、清晰和可预测的系统来交流总结性评估结果。

4. 将评估信息的交流与行动相结合，例如与学生交换意见，分享反馈并设定目标，或让学生在虚拟小组中合作来修改作业并采取能提高技能和理解的策略。

5. 通过请学生分享评估任务所花费的时间、评估过程中出现的问题、更具信心和信心不足的领域以及他们在远程学习环境的评估过程中学到的技能，进行双向交流。

# 第六章
# 精准解释

一旦通过观察、对话或任何种类的评估产品获取了评估证据，教师（和学生）必须解释结果。对评估结果的解释必须是准确的（与学习目标一致，并且反映预期的技能或理解复杂性程度）、可理解的（教师和学生都清楚地理解）、可靠的（解释能在重复测验中产生相同的结果，真正反映学生的技能和理解）。

对评估结果的解释最终会促成课堂中的各种行动。在解释之后，教师要就一些关键行动做出决策：使用形成性数据来明确优势并解决需求；制定干预措施、改进方式和重启策略；使用有计划的关键（反思性）问题、提示和线索；根据技能类别和学生对数据做出反应。重要的是，教师要做好准备，自信地做出这些决策。因此，探索提高解释评估结果的能力的方法对接下来的每一个决策都是至关重要的。

## 数据解释

### 对评估信息的三角验证（triangulate）是什么意思？

评估结果的精确解释有三个标准：（1）准确性；（2）可理解性；（3）可靠性。准确的评估反映了学生的学业成就与标准之间的关系，标准的期望和要求学生做的事情具有一致性。可理解的评估意味着确保学生能够运用所要求的方法开展并展示学习，同时评估结果应该让学生和教师都清楚理解并可用。可靠的评估产生稳定和一致的结果。

对于教师个体而言，创建满足所有这些标准的评估是非常困难的，这就是合作对这一过程如此重要的原因。教师可以运用多个评估样本来确定对标准的掌握程度。当教师使用至少三种不同的评估方法或过程来确定学生的掌握程度时，三角验证就出现了。例如，学生在评估中形成的评估产品可能证明了掌握程度，且得到学生参与评估时发生的观察和谈话的确认。所有证据来源都清楚地表明了技能和理解。当教师对学生做出高利害的决策时，这种做法尤为重要。教师个体或合作团队可以选择使用三种不同类型的数据来确定目标，以确保低分不是简单地因评估方法导致的，也不是因精确解释结果所必需的三个指标中某一个存在缺陷而导致的。在设计对评估信息的三角验证的过程中，表 6.1 可以帮助教师个人或合作团队计划和聚焦。

表 6.1　评估三角验证表

| （基本标准中）需要掌握的学习目标 | 指标或质量 | 获取评估证据的方法或任务 |
|---|---|---|
| • 我可以引用有力而详尽的文字证据 | □ 清晰地支持了主题<br>□ 清晰地解释了文本是如何支持主题的 | 1. Flipgrid 视频①<br>2. 建构反应<br>3. 图形组织者 |
| • 我可以确定文本的中心思想，包括如何详细地分析其在文本过程中的发展（包括主题和信息） | □ 准确地识别中心思想<br>□ 支持中心思想的清晰且重要的细节<br>□ 清晰地陈述了多种证据来说明中心思想在开头、中间和结尾是如何发展的 | 1. 建构反应<br>2. 访谈<br>3. 观察 |
| • 我可以收集并批判性地分析在电子、纸质和大众媒体中发现的信息 | □ 批判性地阐明证据的立场<br>□ 清晰地描述信息的来源<br>□ 清晰地解释文章可能表达的任何偏见<br>□ 令人信服地提供潜在的反驳或观点 | 1. 图形组织器<br>2. 论文<br>3. 对谈话的观察 |

**相关原理：**评估架构，评估目的

**主题：**合作，总结性评估与评定

## 如何知道我是否正确地解释了数据？

教师是否熟悉自己所使用的评估，决定了能否正确解释数据。对从商业化的常模参照评估中获得的数据进行解释可能具有挑战性。重要的是要了解评估的目的和局限性。如果教师将评估用于预期目的之外的其他目的，就有可能误解数据或得出不准确的结论。

① Flipgrid 视频是一个在线教育视频网站。

只要运用商业化的评估，教师就必须尽可能多地了解评估是如何设计的，以及它是如何与所教授的内容和技能相匹配的。

与同事合作设计评估是一项有价值的工作。当与具有丰富内容知识和专业技能的专业教师一起设计评估或分析商业化的评估时，评估的每一位实施者都会清楚评估的目的。团队可以设计评估来测量符合团队目的的特定的学习目标和特定的严格性和复杂性水平；明确每道试题所指向的标准和严格性水平，同时，设计出有助于团队解释评估结果的评估工具。这是一项艰苦的工作，但也是一项可以通过合作而变得更加有效的有价值的工作。

**相关原理：**结果的交流

**主题：**共同评估

## 分析评估和评分有什么区别？如何分析评估和评分？

评分意味着将学生的反应与预先确定的掌握程度指标联系起来，并根据反应给出一个代表该掌握程度的值。这个值可以用多种形式展现——比例、百分比、字母编码（如 P 表示掌握，NY 表示尚未掌握）等。要评分，教师必须非常清楚地了解学习目标的严格性以及测量这种严格性的指标。教师可以收集数据并将其组织成数据集，然后运用这些数据集来分析优势或挑战的模式，并识别在一群学生中可能出现的任何异常情况。教学决策会在评分和数据分析之后做出。

分析学生对评估的反应要求教师批判性地检查学生学习的产品（对问题的回答、视频等），并确定产品所反映出来的优势和需要改进的领域。与评分一样，预先确定的掌握程度标准会使评估信息的分析和后续教学计划更加精确和高效。

对评估本身的分析意味着聚焦于学生的结果，然后解构评估的各个部分，以确定其是否准确、充分地测量了教师所追求的学习期望。教师要保证所有的评估都是高质量的，这个过程就非常重要。如果没有这一过程，不充分或不准确的评估可能导致错误地抬高或降低学生的成绩。

**相关原理：**评估架构

**主题：**形成性评估，总结性评估与评定

## 如何确保评估数据真正可靠，且代表了学生的所知和所能？

为了使教师和学生收集尽可能准确的数据，信度和效度应该成为所有评估过程的目标。如果教师努力确保多个教师和多个评估证据之间的结果一致，评估的信度或一致性就更有可能。这种一致性在更主观的任务中——比如在写作任务中使用评价量规——需要经常关注，但它在其他类型的评估中也同样重要。教师应该就如何给开放式试题打分以及哪些概念被认为是最重要的等问题进行沟通。如果没有这些沟通，一些看起来非常客观的事情，比如数学考试，也可能会导致不同的评分程序和结果。

效度是指评估是否准确测量了与目标相关的学习程度，从而使教师能够对学生的学习做出准确的决策。如果教师提前思考评估架构，并且明确学习目标和评估学习的最佳方法，效度就更有可能实现。如果有多种数据来源，效度也会更高，这就要求在课堂上使用

形成性评估工具，而不是一次性的总结性评估。

**相关原理：**结果的交流，希望、效能感与成就

**主题：**共同评估，形成性评估，总结性评估与评定

## 如果从未受过相关训练，我如何学会对错误进行诊断？

解释学生所犯的错误是帮助学生成长和达到高水平的一个重要方面。首先，教师要通过明确希望学生参与的行动，并描述高质量的证据是什么样的，来清晰地表达预期的学习（标准或能力）。然后，教师要考虑实现该学习目标所需的所有知识和技能（即学习进阶）。最后，教师要回顾学生在学习过程中常见的误解或错误。错误可以在学生所说、所做或所生产的东西中被观察到。有意识地提前寻找错误并陈述指标，以便在观察学生及审查其作业时能聚焦于出现了哪些错误或没有出现哪些错误。

这是一个过程。与同事交流，是教师了解最常见错误，并制定创新的教学举措来帮助学生成长的方式。在专业学习共同体中，合作团队确定什么是最重要的，然后评估它，并审查评估数据，以了解谁需要额外的时间和支持来实现基本学习。仅仅注意到学生需要更多的支持是不够的。至关重要的是，教师——无论是个人还是团队——要确定学生犯错的原因。当教师一起工作并讨论标准或达到掌握水平的表现，并按照预期的学习目标来审查学生的作业时，犯错的原因会变得越来越清晰。

深入研究不同学科和年级中不同类型的错误会很有帮助。例如，在数学学习中，团队可能想要探索计算错误、效率错误、策略

错误，甚至是理解错误。不同的错误需要不同的支持。然后，教师有目的地计划如何帮助学生解决出现的错误，这是通往创新教学的道路，也有助于确保学生发展信心并在学习中成长。

从根本上讲，个人和团队都要能够对错误进行准确的诊断并做出回应。对学生的错误的审查和解释使教师具备教学灵活性（即有能力做出实时或接近实时的教学反应，从而促进学生的学习）。（有关教学灵活性的更多信息，请参见第七章）

**相关原理：**结果的交流，教学灵活性

**主题：**反馈，专业学习共同体

## 合作

### 团队应该如何一起准备评估？

个人在准备课堂评估时，要采用与合作准备课堂评估相同的预先思考、计划和行动步骤。迪米奇（Dimich，2015）建议，教师个人和教师团队在准备共同评估时都可以参照以下五个阶段。

阶段一：选择标准并计划实施时间。

阶段二：概述学习目标。

阶段三：制订评估计划。

阶段四：编制或修订评估。

阶段五：确定学生投入和报告的方式。

不同之处在于，当团队从事这项工作时，他们必须做到以下几点：（1）聚焦最基本的标准；（2）准确且一致地解释标准；

（3）寻找对相同标准进行评估的时间或课程领域；（4）共同构建在严格性上匹配的试题或测量工具；（5）制订具体的计划，说明如何以及何时运用得到的证据来改善学生的学习。

个人和团队进行评估准备最重要的区别可能是参与共同评估工作时所需的心理状态。团队中的每个教师都必须放弃先入为主的观念或过去的做法，为达成共识而妥协，重视证据而不是观点，尊重同伴的专业知识，并秉持一种源于真实弱点的成长型思维。总而言之，设计共同评估的技术细节没有什么不同，只是这一过程中必须有真正的合作精神。

**相关原理**：评估架构，评估目的

**主题**：共同评估，专业学习共同体

## 如何通过合作来标定评估的有效性？

合作是确保对评估结果的解释有效且可信的关键。信度关乎教师在评估他们声称在评估的内容时的一致性（Heritage，2010a）。特别是在需要使用评价量规进行评分推断时，通过合作，教师可以确保他们的推断与同事一致。要使评估有效，它首先必须是可信的。

如果评估是可信的，教师就可以标定自己对证据的解释，以确保它们同时是准确的（或有效的）。这种标定将使教师对质量的判断——无论是否真的在评估教师期望评估的内容——和随后为验证或激发更多的学习所必需的解释和回应保持一致。

如果评估既有效度又有信度，那么教师就可以着手确定评估的有效性。就形成性目的而言，有效性关乎评估是否产生准确的信息以及这些信息是否有用，以便及时有效地激发更多的学习。就总结性目的而言，有效的关键在于评估准确地反映学生的所知和所能。

通过合作，教师可以分享他们共同的专业知识，从而有效地确定学生当前处于什么位置以及接下来该做什么。

**相关原理：**评估架构，结果的交流

**主题：**评估设计，合作

## 一旦我们确定了评估，合作团队应该做什么？

形成性评估的结果是专业学习共同体中的合作团队发挥作用的动力——它们必须成为动力。一个高效的团队会秉持促进学习的目的自由并公开地分享结果，应该在预定的时间聚在一起讨论每个成员从学生那里看到的结果。教师团队应该花时间来分析这些结果意味着什么，关注学生已经掌握的学习以及哪些学生还需要额外的指导来掌握这些学习目标。团队会议的大部分时间应该花在确定如何以一种必需而不是可选的方式给予学生额外的指导以及最终由谁来提供指导。

一些团队有能力在同一时间实施这种教学，这样就可以根据学生的学习需求重新对他们进行分配。例如，不同的教师选择不同的目标，一个教师负责已经掌握目标需要拓展的学生，另一个教师负责在多个目标中需要支持的学生。这种特定模式并不是确保学生获得额外学习机会的唯一方法，但团队应该为之开展讨论，做出计划，同时明确每个成员的责任，以确保额外学习的发生。

专业学习共同体内的教师合作团队应该在以下工作中不断循环：在教学单元的适当节点规划形成性评估，沟通评估结果，基于结果制订计划以确保所有学生成功。

**相关原理：**希望、效能感与成就，教学灵活性

**主题：**共同评估，专业学习共同体

## 专业判断

### 专业判断与个人意见有何不同？它不是主观的吗？

主观性包含了未加检验的个人观点和偏见。这样的个人观点不必与专业标准挂钩。另外，专业判断是受到特定专业中广泛持有的标准、伦理、法律或规则影响的。专业判断是通过专业培训而形成的，需要指导决策的标准、最佳实践以及前沿研究，体现了专家团队的共识。换句话说，专业判断涉及专业知识。

在教育中，教师必须在以下方面达成重要的共识：教育标准意味着什么；学习的进阶是什么；掌握水平有何表现以及如何界定和评价掌握程度。他们所做出的任何与这种理解相关的决定都是专业判断。（有关专业判断的更多信息，请参见第 153 页，“怎样才能帮助学生及其家人理解‘专业判断’的概念？”）

**相关原理：**结果的交流

**主题：**形成性评估，专业判断，总结性评估与评定

### 专业判断在评估中扮演什么角色？我如何建立信心？

评估过程需要专业判断，因为学生的掌握程度不能简单地根据正确答案或分数的累积来确定。专业的教师重视思考，能分析学生的掌握程度、质量水平以及需要额外的教学来支持的知识或技能上的具体差距，这样，他们能把学生推向更高的学习水平。

建立信心的最好方法是参与基于新研究的持续学习过程，合作开发评估和测量工具，并反复实践校准分数的工作，以使团队、部门甚至整个学校中每个教师的评分更加一致。

> **相关原理**：结果的交流
>
> **主题**：形成性评估，专业判断，总结性评估与评定

## 观察

### 对话和观察在评估信息的解释中起什么作用？

为了验证学习的程度或对评估揭示的信息做出回应而做出教学决策，意味着教师在某种程度上参与了专业判断。如果教师使用多种方法从多种来源收集证据，这种专业判断就会更加准确和可靠。观察和对话是做出专业判断时两种非常有用的方法。

在日常课堂活动中，教师有时会注意到学生在展现一种技能或表达一种理解。学生可能在一个小组中作业，可能在创造一个产品，或者可能在参与某种类型的表现（例如，在体育课上玩游戏或发表演讲）。在每一个例子中，对学生行为和技能的观察都会发生，这些观察可以作为评估信息支持教学决策，进行有针对性的反

馈，或验证掌握程度。记录观察的时间、日期和背景——作为关键的评估信息——可以帮助教师跟踪学生的成长需求。

同样，对话也可以揭示学习证据或学生需求。戴维斯（Davies，2011）指出，通过对话，教师可以将通常是单向的评估过程（从学生到教师）转变为双向的评估对话。当教师无法确定学生理解或技能的水平时，他们可以简单地要求学生表达自己的想法，以澄清对自己所知和所能的理解。



**相关原理：**结果的交流

**主题：**形成性评估，专业判断，总结性评估与评定

## 如何知道学生个体在合作学习中的表现？

观察是考查学生个体在合作学习中表现的最好方法。为了提高观察的效度，教师应该考虑几件事。首先，学生在合作学习中需要足够独立，这样，教师在观察时才不会被打断。其次，教师必须对准备通过观察加以评估的学习目标非常熟悉。花一些时间去探索学习目标和所测试的每个学习目标中的成功指标是非常有帮助的，这样可以观察到表明掌握程度的特定行为。例如，如果两个学生正在一起创建模式，那么就需要了解任务所要求的建模的复杂性。再次，教师要拥有有助于保持观察焦点和记录观察结果的工具（如评价量规或检核表）。最后，如果观察未能充分证明学生个体的学习，教师可以考虑后续的评估机会，如日记反思（journal reflection）、解释性视频、出门卡或简短的后续作业。

教师也可以有目的地收集和使用学生的观察数据。例如，一个

小组中学生个体的任务是收集关于合作工作的重要特征的数据。试试让一个学生记录解释的使用次数，一个学生记录直接引用的使用次数，一个学生记录提出和回答问题的次数，一个学生记录小组偏离任务的时间，等等。这些观察数据可以与教师的观察关联起来运用，但不能取代教师的观察。

有一种方法是为合作项目中的每个学生指派一名同伴教练（peer coach），这样处于项目之外的教练就可以收集有效性的证据，并在合作过程中的重要时刻与处于项目之中的同伴分享。还有一种方法是让学生在每次合作对话结束时填写学习反思表，回答诸如“谁在今天的对话中提供了最有意义的见解”“谁在今天的对话中提出了最好的问题”“谁在今天表现出了领导力”等具体的问题。学生对发生和没有发生的事情的观察可以帮助教师验证他们对合作小组工作中发生事情的感觉。

**相关原理：** 评估架构

**主题：** 形成性评估

## 解释实践

### 为什么要提前和学生分享评价量规？这不会鼓励作弊吗？

一个设计良好的评价量规应该让学生清楚地了解成功指标，但仍然应该让学生有机会进行有效的评估所必需的思考和学习。这些指标不应该是秘密或意外之事。在基于标准的课堂中，教师必须非常清楚自己希望学生知道以及能够做什么，也必须清楚地了解学生如何展示所学和所能。

一个有效的评价量规还能帮助学生确定自己在实现学习目标的过程中所处的位置，明确需要做什么才能进入下一个阶段。学生始终要通过学习来向教师证明自己的理解。评价量规是地图，学生要始终遵循它才能最终到达目的地。



**相关原理**：评估架构

**主题**：自我和同伴评估，学生参与及动机

## 为什么迟交作业就扣分是不对的？不是要教学生学会负责吗？

惩罚不是教学。错过截止时间是一种行为过失，当然是不被期望和不可接受的；然而，扣分会混淆成就因素和非成就因素，这损害了成绩的效度（Brookhart，2013b）。无论以何种形式，在最终报告的学生学习情况时必须将准确性摆在首位；将成就因素和非成就因素混合在一起则意味着，教师报告的内容往好了说是不透明的，往坏了说是毫无意义的。

教学生负责就是教会他们负责（Teaching learners to be responsible means *teaching* them to be responsible）。惩罚不负责任的行为并不能教会学生如何负责任（Schimmer，2016）。学校中的一个例子就是对尊重的具体表现的强调。尊重是一种普遍存在的期望。因此，学校大多会描述一个尊重他人的学生应该是什么样的，并至少提供一些情境化的表现（比如在走廊、教室或其他环境中“尊重他人”有何表现）。学校通常会明确表示这种期望，无论是正式的还是非

正式的。如果学生不尊重他人，成人会让他们为自己的不尊重行为负责。话虽如此，但学生的学业分数不应该因为不尊重的行为而被扣除。学生的成绩与学生有多尊重别人是无关的。

同样，学生迟交作业是不对的，但真正的问题在于教师和学校该如何应对学生迟交作业。第一，当错过截止时间时，迅速而强烈的反应是关键；教师应该尽可能及时地要求学生补交作业。几周的等待对教师和学生来说都是起反作用的。然而，强烈并不意味着惩罚。教学的艺术在于将惩罚与态度强硬区分开来；后者关乎高期望和指导，而前者关乎控制。第二，如果学生不负责任的行为一直存在，那么他就需要具体的指导，学会如何在截止时间之前更加高效，如何将大任务或项目分解成可管理的小部分，或者如何掌握可能缺乏的特定技能。教给学生目前不具备的技能，有助于他们为高中毕业后的生活真正地做好准备。学校绝不会因为学生不会分数加法（学业过失）而让其停学（行为后果）。因为迟交作业（行为过失）而降低分数（学业后果）同样是不合逻辑的。

**相关原理：** 评估目的，结果的交流

**主题：** 问责和标准化考试，评估设计，行为，总结性评估与评定

## 为什么不能给未完成的作业打零分呢？如果不能，那我应该怎么做？

给未完成的作业打零分的做法违反了评估的可靠性原则，因为这种做法实际上就是教师给没有见过的作业赋值。未交就是未交；

给不存在的东西赋值既不有效也不可靠。当然，有些人可能会说，未交作业应该得零分，因为如果不提交，它就一文不值。然而，没有上交——就像迟交作业一样——是一种需要采取措施的行为过失。对于最终产生理想的结果（学习）而言，打零分是没有意义的。

在基于百分位等级的评分量表中打零分，会使问题更加恶化。零分不能与成绩单上的其他分数有相等的权重，尤其是当成绩单中的大多数分数要高得多的时候。传统的基于百分位等级的评分量表是唯一一个 5 比 25 重要的地方，比如下面的例子：如果一个学生提交了 25 项作业，这些作业的成绩（百分位数）都是 70%，那么 5 个 0 将导致平均成绩为 58.3%（25 乘以 70%，除以 30）。在大多数地区，58.3% 是不及格的。当然，这是一个过于简化的例子，但它确实说明了极端分数对平均分数有关键影响背后的数学原因。如果这 5 个 0 正好出现在权重较低的作业中，那么对成绩单的影响不会过大；如果它们的权重较大，情况就会变得很糟。

问题的关键在于，打零分并不是解决问题的办法，也无助于通过评估和评定来建立希望、效能感与成就。教师可以考虑使用“未完成”（incomplete，I 或 INC）来代替打零分。对于没有完成马拉松比赛的运动员来说，传达比赛结果最准确的方式是未完成（did not finish，DNF）。对于那些没有完成确定成绩所必需的作业的学生来说，传达学业成绩最准确的方式也是 INC。理想情况下，当缺失的作业被记录为 INC 时，学生的整体成绩也将是 INC（而不是 A 或 93%，学生和家长将看到 INC）。学生也不会有成绩，这比不考虑这些项目要准确得多——不考虑未完成的作业会给其他作业太高的权重，因而导致错误肯定；而打零分则会导致错误否定。

教师必须及时解决学生未完成作业的问题，尤其是那些对评分的准确性至关重要的作业，但打零分只能歪曲成绩，无助于解决这一问题。无论教师在打零分时觉得自己多么有哲学上的正当性（philosophical justification），在涉及评估时，哲学上的正当性也不能违背效度和信度原则。如果成绩不准确，那么评定就会变得毫无意义，并会被边缘化为教师强制学生服从的一种方法。

**相关原理：** 评估目的，结果的交流

**主题：** 问责和标准化考试，行为，总结性评估与评定

## 我觉得顶级的掌握程度应该很难达到，这公平吗？

顶级的掌握程度，不管它用什么样的名称，都应该是学习最复杂的展示。然而，严格的期望、复杂的展示不等于简单地让顶级的掌握程度更难达到。

掌握程度本质上代表了质量或一致性。评价量规是为了使指标透明，而顶级的掌握程度应该是预期学习的最复杂、最有深度或最真实的应用。从这个意义上说，顶级的掌握程度应该是很难达到的，因为它确实要求学生达到深刻的理解水平或一致的表现水平；这是严格且公平的。

要求学生表现出就其发展水平和合理的预期掌握水平而言不合理的水平，从而让学校教育要求更高，这是不公平的。期望三年级的学生掌握六年级的数学才能获得 4 分是不合理的；这既不严格也不公平。顶级的掌握程度应该是“困难”（hard）的，但这个“困难”必须意味着教师有高但合理的期望，能提供适当的支持以确保

所有学生都有机会达到这一水平，并且在开始教学时就期望学生能够且必将达到顶级水平。



**相关原理**：评估架构，结果的交流

**主题**：指标，总结性评估与评定

**从起点开始，我们有一年的学习目标，学生有整整一年的时间来完成学习。我如何解读他们的努力并报告他们全年的进展？**

这些类型的目标在一些内容领域是非常典型的，对于那些有兴趣在课堂上进行形成性评估的教师来说，这会令他们紧张。这也是为什么与同事合作可能很有价值，但不一定是不可或缺的一个原因。

首先要分解这些结果或标准，以理解其所有组成部分。通常情况下，学生需要技能进阶来达成这些长期的结果。第一步就是界定这些进阶，这有助于创建技能评估计划。确定在一年中何时以及如何评估这些技能，将为教师和学生提供重要的数据，以了解每个学生在达成结果的过程中如何前进以及可能需要哪些额外的教学或支持。这有时被称为基准设定（benchmarking），因为教师可以设定与这些长期结果相关的短期目标，并时常检查以确定学生是否在实现这些目标的轨道上。基准评估要有策略地安排在全年，以测量短期目标。教师要记录和分析测量数据，以确保学生处于实现年终目标或长期结果的轨道上。大多数情况下，合作团队（垂直或相同年级 / 课程）要根据每个基准评估来确定"处于轨道上"（on track）

的具体含义。使用课程指南和其他学区资源会有助于确定安排这些基准评估的最合适时间。在更正式的成绩报告单上，通常用最近的基准评估测量的掌握程度来报告进步，并清楚地注明在长期结果或年终目标情境中的短期目标。

重要的是，新的学习证据总是可以取代旧的，所以当学生在一年中的任何时候实现了一个学习目标时，教师可以将之记录下来，并更新成绩单来反映当前的现实。

**相关原理：** 评估目的，结果的交流

**主题：** 标准，学生参与及动机

## 我们学校用“超过”（“熟练”）这个词，但我对这个术语不大适应。我能做什么？

给所有水平的掌握程度明确的定义是非常重要的，这能使所有利益相关者、教师、学生和家长能够准确地加以解释。这对最高水平尤为重要，通常被称为“超过”（exceeds）或“高级”（advanced）。简单来说，这个水平通常意味着学生的思维超出了标准的要求。然而，有些人可能会把“高级”理解为学生已经掌握了下一年级的标准。这是一种不合理的解释，而且鼓励了常模参照的评分方式。如果教师把“超过”定义为以创新和不同的方式调适或概括内容，且具有更深层次的创造性和复杂性，那就可以为学生设定一个可达到的目标，而不依赖于对还没有机会学习的内容的掌握。另一些可以更准确地表达这种解释的术语是“拓展”（extends）或“丰富”（enriches）。

**相关原理：**评估目的，结果的交流

**主题：**总结性评估与评定

## 远程学习环境中的精准解释

当在远程学习环境中解释评估信息时，有一些因素可能会特别具有挑战性。教师可能会担心，缺少获取技术的机会和不适应技术应用可能会阻碍学生展示最好的学习。教师也会担心，评估证据反映的不是学生本人的技能和理解，而是他们的兄弟姐妹、朋友或父母的技能和理解。教师可能会差异化运用评估方法，以支持不同背景下的所有学生个体，但同时也不清楚如何解释这么多不同形式的学习。所有这些挑战都是真实而正当的。教师希望尽其所能，确保依据评估信息所做的决策都能支持对结果的准确、可靠和可理解的解释。在这些变革背景下，以下几点考虑可能会有帮助：

1. 非常清楚地了解要评估的学习目标，包括需要对学生采取哪些行动来证明他们的掌握程度以及关于这些行动的质量（成功指标）的有力描述；当教师在教学和评估之前考虑学习目标的这些维度时，就更容易检查学生学习的产品，并依据自己的观察做出决定，也更愿意接受学生所展示的证据的多样性。

2. 与同事一起检查学生的学习产品，校准期望并在辨别不同掌握程度的作业上建立共同的信心。这项工作可以在合作团队中完成，并且可以作为一种重要方法来发展共同的解释以提高可靠性和准确性。

3. 开发可用于评估学习目标的评估工具——无论采用何种形式和方法，如评价量规和检核表；保证使这些工具与目标而不是任务相匹配（即整合与任务无关的指标），借此教师可以减少自己和学生使用的工具的数量，同时增强对各种评估情境中学习形式的理解。

4. 收集反映不同掌握程度的学生作业样本；这些样本可以在解释学生评估信息时获取，有助于改善对如何展示学习的理解。这些样本还可以被学生用来反映评估工具的质量。

5. 开发有助于将解释和后续教学行动匹配起来的组织和流程工具；这些工具可以用来确定每个学生的具体优势和需求，帮助教师做出与自己的解释相关的决策。

6. 愿意用能够满足学生的易获得性（accessibility）、偏好和兴趣的各种方式来获取评估信息；只要评估与目标一致，教师可以高度灵活地决定如何以及何时收集评估信息。“目的地”保持不变，但“交通工具”可以根据学生的需要而改变。

## 第七章

# 教学灵活性

教学灵活性是教师为回应学习证据（例如观察、对话、学生提问、评论、练习和测验等形成性评估过程）而使用的一种有目的的策略。教师在一个动态的教学周期中——它将渐进的日常证据收集与回应性决策相结合——对学生做出反应，并让学生参与其中。在这个持续的过程中，教学和评估应该同时进行。在收集证据时，教师要灵活且准确地决定使用哪种策略以及在哪里花费更多的教学时间——例如在当下的课时中还是次日。

教学灵活性需要三个组成部分：（1）伴随每次学习经历的既有表面理解又有深度理解（描述期望学生学习的内容）的学习目标；（2）正式或非正式的评估信息，以探究学生理解了什么和还没有学习什么；（3）指向误解并加深对学习目标理解的教学策略。

教学灵活性影响着教师和学生的日常工作和学习。它回应了预先计划和课堂中存在的现实——学生带入学习经历的东西——之间的交集。通过持续的、形成性的评估，教师可以有效地分析优势和需求，并根据这种分析创建有针对性的回应，学生的学习和参与度可以得到极大的提高。这就是教学灵活性对教和学如此重要的原因。



## 教学灵活性与学习

### 评估究竟如何有助于学习?

评估过程有助于教师推进学习。形成性评估是高质量教学。教师在教学过程中收集新出现的证据，以制定有效的、精确的策略来促进课堂中所有学生的学习。

评估被定义为有目的地收集用以做出可靠的决策的无污染的数据（clean data）。无污染的数据需要暂停评价性判断，收集关于准确性、错误或误解的事实和证据的信息。评价性信息以符号、等级、分数或诸如“这太棒了”之类主观的反馈出现，通常无助于对下一步行动的指导。相反，无污染的数据应该是像这样的：“你已经掌握了四个目标中的三个。当你在评估证据（目标3）时，你是在识别适当的证据，但你还没有评估或评价你发现的证据的质量。你需要一套指标来确定证据是否有高质量，然后围绕你的结论形成你的回答。”

如果做得好，评估过程可以帮助学生聚焦于并推动自己的学习。查普伊（Chappuis，2015）认为，当学生在学习过程中可以利用反馈或评价结果回答以下三个问题时，评估就可以指导学习。

1. 我要去哪里?

2. 我现在在哪里?

3. 我如何缩小我当前所在的地方和我要去的地方之间的差距？

即使是总结性评估也可以支持继续学习，尽管它们通常发生在学习单元结束之时。如果教师始终使用一套一致的测量工具（例如，关于写作或科学与工程过程的评价量规），学生能运用反馈来设定目标以在下一次总结性评估时做得更好，且教师在以后的作业样本中找到众数（最常见的分数），那么学生就可以使用总结性数据来提升在许多学习单元中的表现。

**相关原理**：评估目的，学生投入

**主题**：学生参与及动机

## 在对评估的回应中，教师的角色是什么？学生的角色是什么？

在回应评估信息时，教师要观察学生的言行，并根据这些观察推断出他们的优势和下一步行动。教师要基于这些推断采取行动，并促进学生的行动。教师可以用下列方式进行回应：

1. 设计一堂指导课，解决教师个体或团队注意到的个体或群体学生需要改进之处（解决误解、错误或深化）。

2. 设计并实施指导活动，以解决通过观察确定的每一个下一步行动。

3. 根据优势、需求或偏好对学生进行分组。

4. 与学生单独交谈，提供关于优势和下一步行动的反馈，并指导学生的行动。

5. 进行指导，使学生明确地意识到自己的优势和下一步行动；

教师要保证学生能发现自己的优势，而且要知道如何引导他们采取下一步行动。有时候，学生要采取行动就必须得到关于某个概念的直接指导，或者明确如何订正。

6. 注意到什么能帮助或阻碍学生个体和群体的成长。

在对评估的回应中，学生的角色也是至关重要的。确保学生能反思评估证据在学习上的意义，有助于创造一种期望和专注感。这种反思应能带来优势和下一步行动的确定。因此，教师可以引导学生根据以下几种方式采取行动：

1. 反馈：当教师提供口头和书面反馈时，学生要采取行动。

2. 自我评估：学生要根据学习目标和下一步行动的质量来确定自己的优势。

3. 目标设定：学生要确定短期目标，并将之作为练习、探索和改进的重点。

**相关原理**：结果的交流，精准解释，学生投入

**主题**：差异化，反馈，自我和同伴评估

## 对学习目标的深刻理解如何提高教学灵活性？

在评估设计的过程中，教师必须采取的关键步骤之一是聚焦于学习目标，同时阐明学习目标实现过程中的小目标。一旦教师理解了学习目标，就可以开始分别考虑具体的知识技能、学习进阶、质量指标、严格性程度以及需要避免的常见错误或误解。有了这些信息，教师就可以在教学过程中实施有依据的策略，从而能确保所有学生在学习中取得进步。当教师看到自己的行动并没有达到预期的

学习目标时，就能通过理解不同时间上学习目标的安排，为调整教学做好充分的准备。教师对学习目标的深刻理解确保了教学灵活性能针对学生的需求，且得到随时收集的证据的良好支持。

**相关原理**：评估架构

**主题**：形成性评估，分解和学习进阶



## 提问与教学灵活性有何联系？

对教师和学生来说，有效的问题都是有价值的工具。有目的地设计的问题有助于教师在教学过程中做出可靠的决策——在学习的关键时刻，即教师必须确定学生是否为学习更复杂的内容和技能做好准备之时（Wiliam，2011），这种问题尤其有帮助。

问题可以服务于多种教学目的。教师可以在教学前设计问题，以获得学生学习的证据。通过规划和确定成功指标，教师可以有目的地设计问题，以确定哪些学习目标已经掌握，哪些仍然需要支持。问题还可以帮助教师识别学生的误解或错误。学生在教学过程中提出的问题也可以提供有用的信息，尤其当教师预测学生在学习过程中可能遇到的常见错误或挑战，并为此做计划时。教师也可以用问题来促进学生的参与。这类问题可以促使学生深入思考新的信息，或者以新的或不同的方式来应用新信息，能够创造与学习及学生本身的联系，还可以创造一种强大的课堂文化来鼓励学生提出其他问题。问题可以促进对话，探究学生的理解程度，鼓励他们批判性地思考学习。问题也促进了对观点的讨论，为学生提供了质疑彼此观点的技能和机会。

提问是教学灵活性的核心组成部分，但它同时也有来自其他原理的根据。有效的问题是评估架构——无论教师还是学生都明确学习目标和成功指标——的一部分。如果评估架构是适当的，问题也有助于结果的精准解释，因为它们可以提供证据来确定学生是否在按照预期进行学习。

**相关原理：** 评估架构，学生投入

**主题：** 形成性评估，提问

## 如何改变课时和单元计划，以反映对评估更精确的理解？

评估是单元和课时计划的基础。正如威金斯和麦克泰格在《追求理解的教学设计》一书中所描述的那样，教师经常进行逆向规划（backward planning）。第一步是分析和分解标准，以充分且完整地了解学生的所知和所能。这包括了关于如何识别掌握程度以及对特定年级水平期望的对话，因为有些标准会在多个年级反复出现，要求运用更复杂的文本、数据和信息进行更复杂的理解。

一旦教师深入探究了标准或结果，并创建了学习进阶，那么就必须确定收集学生进步和在标准或能力上成就证据的最佳方式。单元结束时的评估（总结性用途）最好在教学单元开始之前创建。评估计划还确定了共同形成性评估的优先地位（优先处理那些对教师教学和学生学习都具有挑战性的，通常需要更多时间来教学的基本学习目标）、评估的方式、实施评估的时间以及分析和回应结果的时间。这能让合作团队知道何时以及如何利用数据来计划教学或进行一级预防。课时和单元计划应参考评估的实施和数据的利用，这样，教师可以根据这些数据进行教学调整。

当学生在单元和课时中探索时，练习和学习的节奏及其所需的时间可能会根据形成性评估的证据而改变。评估为教学计划提供信息——两者之间的关系是密不可分的。



**相关原理：** 评估架构，评估目的

**主题：** 合作

## 教学灵活性会危及所承诺的可行的课程吗？

教学灵活性是所承诺的可行的课程的基础。教学灵活性建基于对重要的、一致的期望的共识和明确的成功指标以及不断改进教学方式的承诺——所有这些都是所承诺的可行的课程的必要成分。

教师个人和团队要确定每个年级或课程的基本标准或能力。这些应该是学校必须保证学生学到的标准。并非所有的学生都以同样的节奏和方式学习。为了保证学生学习这些基本标准，当学生不理解或没有达到基本标准时，教师个人和合作团队必须做出反应。这是确保所有学生达到基本标准所必需的灵活性。如果教师个人和合作团队灵活实施教学，这种灵活性将确保所承诺的课程成为可行的课程。

没有放之四海而皆准的教学方法。就像一种策略不可能适用于所有的学生一样，对一个教师有效的方法可能对另一个教师无效。学习确实是个人的旅程，教学灵活性是必需的，但它并不意味着只能按照教师自己的节奏和方式。教学灵活性要求精确且灵活：精确要求运用最好的教学来满足所承诺的可行的课程的要求，灵活意味着使用教师可控的策略来调整教学，使得在学习进程中落后的学生可以一步步有针对性地达到标准。

**相关原理：** 评估架构，结果的交流

**主题：** 差异化，反馈，干预与指导，分解和学习进阶

## 管理者如何支持灵活性文化？

管理者支持灵活性文化的主要方式是不再强调评分，特别是不能要求每周在成绩单上记录一定次数的分数。毫无疑问，随着学生年龄的增长，分数在学生的生活中扮演着越来越重要的角色——这种重要性在成绩单和大学申请（如果是学生要申请的）中达到顶峰。然而，这并不意味着分数总是应该支配评估。

如果管理者认同评估的用途主要在于教学决策，就会在回应评估证据时更重视后续行动而不是量化。对学习策略的评估，甚至更正式的形成性评估（无论是否是共同评估）都可能使教师和学生偏离评估的初衷，即为教学决策提供信息。教学灵活性是针对新出现的评估证据做出的实时调整，如果教学流程因为评分机制的频繁“启动—停止”而受到干扰，这种实时调整会变得越来越困难。

同时，管理者可以提出与教师不同的问题，更重要的是为教师创造合作的机会来激发更多的灵活性。共同设计问题以便教师在课堂上知道学生是否在学习或者会使用什么策略来纠正或加速学习，这可以传递一个明确的信号——“评估”是一个动词，根据评估的结果采取行动远比简单地收集信息以获得数据重要得多。

通过共同努力，教师有能力在教学中尽可能地灵活，以满足所有学生的需求。

最后，管理者可以与家长进行对话，讨论评估实践可能发生的转变，让他们知道评估主要是作为一种教学策略，而不仅是一种评价策略。通过这种方式，管理者可以帮助家长了解如何在家里鼓励孩子的灵活性，并帮助学生建立学校和家庭之间的联系。

**相关原理**：精准解释，评估架构

**主题**：反馈，形成性评估，领导

## 教学调整

### 评估如何影响教学？

评估以及时、准确的方式为教师和学生提供必要的信息，使双方都能做出优化学习的教学决策。有效的评估可以识别学生何时已经掌握了所期望的技能和理解能力，何时还未达到所需的掌握程度。评估对于让教师知道何时以及如何提供额外的教学、练习和有指导的反思是非常重要的。评估是教学灵活性的基础，因为它为教师提供了实时调整教学以促进每个学生的学习所必需的信息。例如，评估可能会告诉教师，某些学生需要关于某个特定概念的额外指导。在这种情况下，教师可以调整他们的教学计划，比如在其他学生解决更难的问题时，对这部分学生进行 10 分钟的小组指导。评估也可以让教师知道学生已经提前掌握，因此是时候开始新的学习了，尽管最初的计划是让学生完成另一项练习任务。

**相关原理：** 评估目的

**主题：** 形成性评估，总结性评估与评定

## 怎么知道什么是正确的调整？怎么知道何时调整？

使用评估信息进行教学调整需要教师提前进行计划。教师要非常清楚他要教授的学习目标，同时应该分析与这些学习目标相关的典型错误和误解。教师要有目的地计划在学习的各个节点（比如收集到学生学习的信息以让教师尽可能快地做出教学调整，或者在误解成为学生难以克服的错误之前）上的评估。

教师根据数据做出的调整包括如何传授内容以及什么类型的学习机会可以帮助那些还未掌握学习目标的学生获得额外的学习。教师要分析数据，以确定哪些方面是学生还没有掌握的，并考虑学生学习这些内容的其他方法。对教学的调整应该是有目的的，并要保持最初的高期望。额外的形成性数据可以帮助教师了解额外的学习经验是否更成功。

有时，教师在审查形成性评估数据后可能会发现，大多数学生还未掌握学习目标。教师使用这些数据为学生安排额外的学习是很重要的。这些形成性数据会表明，教学还未成功，学生需要学习这些内容的其他机会。在这种情况下，教师通常会发现，通过专业学习共同体与同事合作来找到教授该内容更成功的方法是很有价值的。

**相关原理：** 评估架构，评估目的

**主题：** 合作

## 当有这么多内容要讲时，如何做出教学调整？

许多教师都有教学内容太多而时间不够的感觉。加上学区课程指南、进度指南和其他工具，各种感觉混在一起，让教师感到自己没有自主权或时间来进行确保学生学习基本标准所需的调整。简单的解决方案是，教师个人（团队）需要做一些关键的工作，即回顾学生要学习的所有内容，并确定学生在下一年级或课程中取得成功所必需的小部分内容，或者确定在单一的评估中要让学生知道和能做的最重要的是什么。一旦确定了标准或结果的构成成分，教师个体（理想情况下是团队）就能保证自己的时间，并可以在进行教学调整时专注于最基本的学习目标。相较于学生只深入掌握一些最基本的内容，教师教授所有内容而学生的理解只停留在表面非但不好，在某些情况下甚至更糟。

这又是一个合作对话能够体现出它的价值的地方。团队可以而且应该确定学习中最基本的是什么，跨单元或时间范围地规划学习，并且使用日程表来确保一定的灵活性（即使是一两天或不到一天），以回应学生在最基本的学习中的需求。团队还可以利用学校和学区的工具、标准和其他文件来创建一个计划，反思教什么、何时教、如何教。让学生更好地理解概念是如何联系起来的并最终学会，有助于教师在教学日程中确定何时调整教学才最有价值。团队可以有目的地规划调整空间，这样当教师个体确定了最关键的学习内容时，就知道什么时候应该及时做出反应，什么时候应该放手。如果教师将这个时间纳入单元计划，那么他们就能保证学生达到该课程或年级的所有基本标准。

**相关原理：**评估架构，学生投入

**主题：**形成性评估

## 如果一个班的学生在评估后都需要不同的支持，我应该如何管理这个班级？

指导教学的评估是一种有价值的工具，但当评估结果表明学生有多种不同的需要时，评估也可能会让教师疲于应付。评估原则的运用会澄清目的，并建立起一个评估架构，以聚焦并明确要评估什么、如何评估、如何运用（以及不能如何运用）结果。在计划阶段留出时间来识别学生在期望学习的内容中可能存在的误解、错误或挑战，能帮助教师建立一个在收集评估证据后做出反应的系统。

在一个大班级中，向个人或小部分学生提供有针对性的指导是一项挑战。为解决这一挑战，教师需要创建清晰的程序和常规。例如，学生进入课堂后的前 20~30 分钟可以用于热身活动——根据评估结果，这可能对学生个体有所不同。

当学生在小组中合作，根据评估结果深化自己的学习时，教师要与学生共同创建一个对学生的期望列表。这意味着确保每个小组都有一个他们关注的议题和学习目标。一个学生要帮助团队维持在正确轨道上，而另一个学生要确保每个人都有发言的机会。当团队出现问题时，清楚地知道该怎么做也很重要。只有明确地建立和实施了程序，小组教学才可以引导不同年龄的学生进行有效的学习。

在这种情境中教师的角色类似于急诊室的医生——必须评估同时到来的多个患者的需求。这种分诊系统有助于将有类似需求的学生分组，并确定谁最需要教师的直接指导，而谁能够独立或与同伴群体一起完成某些事情（通过练习以增加信心、质量和自主性）。这种类型的差异化教学不需要整天或每天进行。为学习中的关键节点上的差异化教学做好计划，有助于提高学生和教师的能力。

**相关原理：**评估目的，学生投入

**主题：**合作，差异化

## 对于比其他同学更早达到标准的学生，我该怎么办？

为需要额外教学和支持才能学习基本标准的学生做规划，虽然教师可能要花费大量时间，但教师个体和团队也要有目的地设计学习与教学，以应对学生已经掌握标准中的技能和知识或者可以更快的速度学习的情况。分解标准，将教学单元的学习目标从最简单到最复杂进行排序，当教师团队由此来创建学习进阶路线时，这份路线也要考虑学生已经掌握了标准的情况。教师创建的单元计划要包含在教学过程中对学生进行正式和非正式评估的机会。那些先于其他学生达到掌握水平的学生需要额外的挑战和支持来深化他们的学习。当学习进阶计划明确了如何深化和推动学生进入下一阶段时，对评估结果的分析就有助于教学支持学生按照学习进阶路线前进。

在计划过程中，预测需求是有帮助的，它能确定哪些机会能帮助学生进行更深层次的学习或以独特的方式应用知识。从学习进阶计划出发，无论对教师、学生个体还是群体，教学调整都将更加自然且有目的性。

**相关原理：** 评估架构，学生投入

**主题：** 差异化

## 教学开始之后可以在单元计划中添加评估吗？

可以。虽然在计划教学之前进行评估设计可以使教学和学习更加聚焦，但在与学生的日常互动中保持灵活性和响应性也是很重要的。教师必须在教学前设计总结性评估，一旦设计出来，它就应该保持不变（除非发现原先设计中的重大错误），因为不论是教师还是学生都无法击中一个看不见的移动目标。此时，形成性评估可以逆向规划，以便为成功提供支架。然而，一旦教学出现问题，教师可能会意识到学生不需要计划好的形成性评估——他们也可以从其他外加的形成性评估中受益。在这种情况下，这些评估可以而且必须改变，以便让学生更好地为接下来的总结性任务做好准备。

**相关原理：** 评估架构

**主题：** 形成性评估，重评

## 可以对不同的学生使用不同的评估工具吗？这会使评估不可靠吗？

如果评估指令、工具与被测量的内容（学习目标）匹配，教师可以使用不同的评估工具，但是以下问题需要考虑。

1. 是否每种工具都在测量学习目标或在预期的学习目标之内的小目标？

2. 是否每种工具都以相同的严格性程度测量预期的学习？

3. 每种工具都能捕捉到学生学习的最佳方面吗？

4. 每种工具都能告诉我推进学习所需要知道的信息吗？

如果这些问题的答案都是肯定的，那么根据学生的偏好使用不同的工具、相同的掌握程度指标来测量相同的学习目标不仅是可以的，甚至可能是最理想的。



**相关原理：**评估架构，学生投入

**主题：**学生参与及动机，分解和学习进阶

## 如何确保我在教学过程中所提的问题能提供关于学生所知和所能的良好信息？

提出高质量的问题是教学灵活性的重要组成部分。不同时期的教师都把提问作为教学策略的一部分。研究表明，大多数提问都采用“提出—应答—评价”的方法框架，这种做法通常涉及教师和一名学生，而且通常是无效的。为了摆脱这种方法框架，教师必须花时间设计强有力的问题，决定何时及如何提问，并在教学前明确自己希望从这些问题中获得什么类型的信息，这样他们就可以对从学生那里获取的信息做出及时反应。“引出学生学习证据的问题”（第212页）中的设计模板说明了教师或团队如何设计问题和策划对话，以确保提问能引导学习。这个模板也可作为评估方法。

当教师计划他们的教学时，在教学过程中的重要时刻设计一个“转折点问题”（hinge-point question，请参见 Wiliam，2011）可以提供关于学生在那个时间点上的理解和技能的有价值信息。有目

的地编制开放性问题和封闭性问题，以引出教师做出最佳教学决策所需的那种信息。教师还可以让学生练习提出问题。简单地问学生“你有什么问题吗”的做法，不太可能为教师提供可操作的信息。通过综合运用直接指导、阅读、反思和合作，为学生创造参与交互式教学的机会，更有可能从学生那里引出深思熟虑和有见地的回答。有目的地设计问题，安排机会让学生提出问题，可以创造一个教师能操作并具有教学灵活性的框架。

**相关原理**：评估架构，学生投入

**主题**：提问，关系

## 如果在教学计划完成之前甚至没有机会分析数据，那么如何使用数据来支持教学？

虽然进度指南和其他教学计划文件对于确保在整个系统中实施所承诺的可行的课程很有价值，但教师的教学决策权可能会因此受到限制。不过，在系统的需求和教师个人的需求之间取得平衡仍然是可能的。

教师个人在制订教学计划时，应同时为学生提供形成性评估和总结性评估的机会。这通常从总结性评估开始，并可以逆向构建，将学生在教学过程中获得反馈的机会包括进来。例如，如果一个教学单元需要六周的时间，最后是一个总结性任务，那么教师应该在这段时间内纳入一些形成性评估。这可能包括小测验或考试，甚至是家庭作业。正如《合作共同评估》(*Collaborative Common Assessments*) 中所描述的那样，对如何以及何时评估学习目标的规划是合作团队的一项重要任务。一旦该规划得以制订，教学计划就能容纳一些机会，让教师个人或团队利用这些形成性任务的信息来帮助学生解决学习上的差距。虽然教师个人或团队可能无法确切地知道在单元的各个节点上哪些学生需要重教，但要指向的学习目标是已知的。合作团队可以制订与这些目标相关的重教和拓展计划，然后通过形成性任务确定需要重教或拓展的学生。

> **相关原理：** 评估架构，评估目的
>
> **主题：** 形成性评估

## 如果学生需要更多的时间来准备总结性评估怎么办？

有效的形成性评估系统的价值之一是，教师不仅可以知道哪些学生在为总结性评估做好准备之前需要更多的指导，而且可以知道这些学生需要学习的具体内容。当教师计划将评估作为教学单元的一部分时，重要的是安排时间来回应教师从形成性评估中了解的情况。在做计划时就把这段时间安排到单元中，可以缓解教师必须从已经排得满满的教学日程中腾出时间的压力。在学习单元中，如果学生不需要额外的重教或重学时间，那么教师可以利用这些时间进行拓展和丰富，以加强学生对概念的理解。它还能帮助学生和教师都以适当的节奏完成课程，以实现全年的所有学习目标。

> **相关原理：** 评估目的
>
> **主题：** 差异化，形成性评估，干预反应

## 并不是每个学生都能在纸笔测试中表现出色，但他们知道内容。这有问题吗？

证明每个学生对一个标准或一套标准的掌握水平是非常重要的。虽然教师通常对学生在学习过程中所处的位置有敏锐的感觉，但凭借感觉做出如此重要的决策是不适当且不专业的。评估的方法不止一种，典型的建构反应评估（论文、表演任务或真实任务）可以为学生提供选择，并为教师提供更全面的机会，以更准确地检查每个学生的掌握深度。

如果学生需要调整或修正，那么教师必须在评估设计和实施系统中适当地解决这些问题。如果其中一种调整或修正需要教师参与到评估过程中（例如，为学生朗读，帮学生写下他们的答案，等等），那么重要的是教师要避免为学生提供获得不公平优势的额外支架（例如，使用非语言线索暗示学生他们可能在某个答案上思路出错了）。

**相关原理：** 评估架构

**主题：** 评估设计

## 怎样才能让学生注意到我的反馈？

要让学生注意到反馈，必须满足以下条件：

1. 反馈必须满足学生的需求。换句话说，他们需要看到反馈的目的。

2. 学生必须理解反馈。这意味着反馈的语言要清晰，并且与学生明确理解的目标相关。

3. 学生必须准备好接受反馈。这意味着学生要能认识到与教师之间的关系是支持性的，也要有时间真正理解教师所说的话。这也意味着他们要对掌握程度足够熟悉，才能对自己的表现和目标之间的关系进行反思。

4. 学生要觉得自己有时间和能力去应用反馈。

5. 学生要相信对反馈的关注会使自己在追求的目标上取得更大的成功。

和大多数成年人一样，当反馈对他们很重要时，学生就会运用反馈。这意味着意义和目的是保证有效反馈所必需的投入的基础。此外，反馈取决于师生关系，因此发展牢固的关系可以支持反馈。最后，反馈必须是强有力的，这意味着它必须是及时的、清晰的，聚焦于学生需要做什么和如何做，并嵌入一个真正的形成性评估过程中。

**相关原理：**结果的交流

**主题：**反馈，成长型思维

## 差异化与干预

### 评估如何与差异化联系起来？

评估是教师决定何时以及如何进行差异化教学的过程。通过分析评估信息（学生作业和掌握程度数据），可以确定学生的优势和需求。教师可以将具有类似需求的学生（例如，需要搞清乘法结合律、加强书面对话的支持或练习自我监督和自我纠正）分到一个组中以开展教学支持、反馈、目标设定和练习。在这种情况下，教师可以调整资源和教学支持来满足特定学生的需求，不同的学生群体——从那些需要额外时间和注意的学生，到那些已经准备好迎接挑战的学生——可以在同一时间使用不同的资源。在一个课堂环节中，如果评估结果表明学生可能需要几种不同的支持，那么学生可以以小组形式学习，以解决他们特定的、共同的需求。这就需要差异化地安排学生所要应用的策略、所学习的内容以及需要花在进一步发展技能和理解上的时间。

如果出现以下几种情况——（1）所选的评估工具全面准确地评估了标准的各个方面；（2）评估设计反映了必需的严格性程度；（3）指标和掌握程度始终保持一致——那么评估本身也可以差异化，包括过程和产品的差异化。学生的选择权是评估过程的一个重要特征，从学生优势领域来评估学生能增强他们对成功的希望和效能感。

正是通过参与评估过程的各个方面，教师才能设计出差异化的教学方法。教学与评估，两者无法有效独立地存在。

**相关原理：**评估目的

**主题：**差异化，形成性评估

## 评估如何有助于差异化对待学生？

最好的评估证据是以标准、学习目标和指标为基础设计的。如果评估中的多个试题与同一学习目标或标准相关，理想的方法是将这些试题分类。如果评估是一项更复杂的表现性任务，则需要一组指标——检核表或评价量规——来指导评分和反馈。因此，当按照学习目标或指标来分解评估证据时，要确定学生的优势和下一步行动从而推进学习就变得更加简单。表 7.1 就是一个例子，说明了学习目标如何帮助明确学生的学习需求，并根据特定技能的准备程度来进行差异化教学。



**表 7.1　用学习目标明确学生优势和需求的例子**

姓名：＿＿＿＿＿＿＿＿　　日期：＿＿＿＿＿＿＿＿

| 学习目标 | 指标 | 分数 |
|---|---|---|
| • 我可以描述和解释相似之处和差异是如何提高我的理解力的 | □ 在两篇文章之间建立独到的联系<br>□ 在外部特征与调整之间建立清晰准确的联系 | |
| • 我可以对两个文本中的信息进行比较。这意味着我可以解释两个文本中的哪些关键细节相似或不同（不是我的观点） | □ 准确地描述文章中文本的两个相似之处<br>□ 准确地描述文章中文本的两个不同之处 | |
| • 我可以运用图形特征找到事实和细节来支持我的比较 | □ 准确地描述文章中表格（图形和文本特征）的两个相似之处<br>□ 准确地描述文章中表格的两个不同之处 | |
| • 我能识别文本中的关键细节 | □ 准确地列出文章中的细节 | |

由教师完成：

| 自主程度 | 描述 |
|---|---|
| | 学生独立阅读和回答问题（全年目标） |
| | 教师朗读课文，学生独立回答问题 |
| | 教师朗读课文和提问；通过讨论引导学生找到答案 |

学生在哪些目标领域需要干预或额外的指导，专业学习共同体中的合作团队可以运用这种评估设计和分析来确定。尝试思考这样的问题："为什么学生没有达到这些指标？"这可以引出学生采取下一步行动以达到基本标准所需的教学或策略。确定学生在哪里需要支持以及为什么犯错误，可以让教师把握挑战存在的根本原因，并设计教学来满足这些需求。当不止一个学生需要相同类型的支持时，团队可以利用灵活的分组来回应需求。识别学生的特定需求和灵活的回应是差异化教学的基础。

评估也有助于教师根据兴趣来进行差异化。如表7.1所示，学习进阶和指标是一样的，但学生阅读的主题和开展的研究活动可以根据兴趣和倾向而改变。保持对学习的关注，就能使教师能够差异化地运用学生展现学习的方式，因为任务仅仅是达到目的的一种手段，是学生证明自己已经达到学习目标的方式。

**相关原理：** 结果的交流，评估架构

**主题：** 差异化，反馈，专业学习共同体

## 如何确保这种差异化不会降低对一些学生的期望？

差异化的挑战之一在于如何确保不同的路径能引导学生到达相同的目的地，同时还保持高期望。根据卡罗尔·安·汤姆林森和托尼亚·R.穆恩（Carol Ann Tomlinson，Tonya R. Moon，2013）的观点，"差异化评估意味着'学习结果保持不变……虽然评估的形式、规定时间和支架可能会有所不同'"（引自Erkens et al.，2018）。确保差异化的第一个方面是要对学生的学习需求做出反

应，但不能让学生困在当前的位置。教师要创建学习进阶——这样教师和学生都能清楚地看到达到标准或获得能力的路径及其中的步骤——然后要实施评估（通常是按年级水平或期望水平进行评估）。当从评估证据中查看结果或学生作业时，教师要确定学生在这条路径上的位置。学生不可避免地会处于不同位置，但他们都在同一条路径上。教师要根据评估所展示的内容进行教学，根据评估证据中发现的不同需求来计划教学。在此之后，他们要再次评估看看学生是否有进步。学生和教师都必须清楚地知道通往掌握水平的路径，也必须清楚他们在这条路径上的位置和下一步行动应该是什么。

这就是合作团队工作的价值所在。对于教师个体来说，为一个给定的学习目标规划多种路径是很难的。而通过合作，教师团队可能会发现这并不是很困难。合作还提供了额外的视角，确保对所有学生的期望保持在相同的严格水平上，同时可以根据学生的需求改变时间、支持、教学策略和实践机会。当创建共同的形成性和总结性评估时，合作团队可以确信学生正在朝着相同的学习目标前进，即使他们是以不同的方式进步。

**相关原理：** 评估架构，评估目的

**主题：** 差异化，严格性和认知复杂性

## 如何知道什么时候要做出超过一级预防的回应？

形成性评估（个别化或共同的）提供了关于学生在基本标准或学习目标方面理解什么、能做什么、不理解什么、正在努力做什么的评估证据，也为一级预防提供了信息。在实施形成性评估时，教

师会分析评估结果，并根据评估提供的信息，花时间进行核心教学以回应学生的学习需求。

学生在核心教学中如果没有达到预期的学习目标，可能就需要额外的机会来学习第一次教学没有帮助他们获得的东西。教学回应必须不同于最初的教学方式。如果只是一个简单的误解或需要建立自主性，学生可能只需要与教师一对一交流或是需要更多的时间，这些都可以在单元结束前整合到教学中。

如果在单元结束时，学生仍然没有掌握基本学习目标，学校就要建立二级干预系统（更具针对性、可预测性，且通常是小组形式的），这样学生就可以在基本标准上获得额外的时间和支持，不会错过下一个单元的核心教学。二级干预是为需要额外的时间和支持来掌握年级基本标准的学生提供的。

最后，如果给了额外时间和支持，学生依然不能达到基本标准或学习目标，那么教学团队就需要更深入地了解学生的优势和挑战，搞清楚是什么样的基本技能导致一级预防中学生不能达到基本标准，并就这些基本技能的学习提供时间和支持。从本质上讲，如果学生在许多概念上的学习困难存在某种共同模式，如果多次以不同方式帮助学生学习的尝试都不成功，那么学生就可能需要更大的、更个性化的支持，这就是三级补救（Tier 3 remediation）。

根据基本标准的内涵可知，基本标准会在各个单元中重复出现，所以重要的是要在不同的环境中观察所要求的技能，以搞清楚学生的困难是技能本身导致的还是情境或背景信息导致的。学生处于难以摆脱的低成绩循环之中，原因可能不在技能上，而是陷入了某种“陷阱”。

相关原理：评估架构，评估目的

主题：差异化，形成性评估，干预反应



### 二级干预不能解决学生不知道的问题吗？

教师团队必须明确基本标准或结果。二级干预发生在学生还未达到基本标准的初始掌握程度（产品和表现的质量）之时。标准需要技能的展现，所以当学生遇到困难时，通常表明了他们需要发展额外的知识和技能。这通常发生在一个小型的、以小组为基础的情境中，在这种情境中，学生需要发展类似的技能。

虽然教师经常觉得有必要暂停并重教学生不理解的东西，但这一层级的回应通常难以落实——只是因为没有足够的时间。因此，当教师团队优先考虑标准或结果时，就要明确必须保证学生学习的内容。虽然教师会分享和教授所有的标准和结果，但基本目标是他们反馈和干预所需要聚焦的。通过这种方式，二级干预就可以解决基本或优先学习目标所要求的技能和知识。

相关原理：评估架构，评估目的

主题：差异化，形成性评估，干预反应

## 重评

### 为什么重评（Reassessment）很重要？何时应该重评？

当学生在先前的评估中没有达到预期的状态或目标时，教师可以实施重评。如果所有的学生都必须达到所要求的期望，而有一个学生未能在期限内达到，那么教师必须拓展学习机会。在课堂上，时间是可变的，但学习必须持续开展。如果学生还未达到标准，教师必须给予额外和不同的指导。在各种旨在提高成就水平的教学之后，教师必须采用一种新的评估——重评——来了解学生在干预后的情况。

如同所有好的教学一样，是否进行评估取决于教师对学生准备情况的看法。良好的决策取决于拥有最准确和最实时的评估信息的教师的专业判断。因此，以下三种情况可能会需要重评：

1. 相互矛盾的信息阻碍了教师就掌握程度和需要采取的行动做出专业判断。例如，学生可能在形成性评估过程中显示出掌握的迹象，但在总结性评估中则表现出存在困难。在这种情况下，教师可能需要寻找更多的证据，以确定学生掌握的程度以及需要什么。

2. 外部环境正在干扰评估的有效性（例如，一个糟糕的指令使学生感到困惑，或者家庭创伤影响了学生集中注意力的能力）。同样，在这种情况下，教师可以进行重评，以获得有效和可靠的评估结果。

3. 通过额外的指导、进一步的练习、有针对性的反馈、个人目标的设定，学生真正地提高了他们的学习水平，同时愿意并能够证明这种提高。在这种情况下，旧的证据不再准确，必须收集新的证据。

要强调的是，重评不应在每次评估之后都进行。所测量的学习的重要性、学习计划（可以自然地和渐进地满足重学和重评的需要）以及学生的年龄都可能影响重评的决定。如果相关决策受评估目的引导，教师会对自己做出的重评决定更有信心。

**相关原理：** 精准解释，学生投入

**主题：** 专业判断，重评



## 在考虑重评的话题之前，我的心态必须发生什么转变？

心态的第一个转变是明确自己是否重视让每个学生学会所教的内容。从表面上看，答案似乎很明显，而且过于简单。然而，重评的过程和实践取决于这样一种心态，即每个学生都能够且应该学会教师教授的内容。

第二个转变是接受现实，即一些学生将需要更长的时间，更多的支持、反馈和机会来达到给定的学习目标或标准的掌握程度。如果教授的内容很重要，且教师知道有些学生需要更长的学习时间，那么重评就会成为学习过程中很自然的一部分。

第三个转变是从标准而不是任务类型的视角来看待评估。从任务类型的视角看评估会让人联想到重复进行评估的画面。教师已经很忙了，每次评估都必须重复的观念既没有必要，也不可持续。重考、重测、重做实验等都令人生畏。然而，当从标准的角度审视时，重评是教学进程的一个自然部分，因为教师已经评估了大多数的（如果不是全部的话）标准至少两次。一项评估是否被称为考试或测验是无关紧要的。

第四个转变是要认识到评估可以在不同的时间以不同的方式发生。观察、对话和作业都可以为教师决策和专业判断提供信息，教师可以在不同的时间以多种方式评估。当评估信息按照标准而不是按任务类型或评估时段来组织时，在不同的时间以不同的方式评估尤其有必要。教师不必对学生进行分批次（in batches）评估。



**相关原理**：评估架构，结果的交流

**主题**：指标，重评，总结性评估与评定

## 重评真的能让学生为现实世界做好准备吗？

考虑到有那么多现实世界中的评估是允许多次尝试的，重评就是对现实世界的复现。无论是SAT、驾照还是律师考试，如果参与者第1次不成功，就会得到重评的机会。美国医师执照考试（The United States Medical Licensing Examination）允许在12个月内参加3次考试，第4次必须在第1次的12个月之后，后续的所有尝试都必须在上一次尝试的至少6个月之后。它是没有次数限制的。认为重评不是现实世界的一部分的观点是荒谬的。

但是，关于重评有两个更重要、更大的问题。首先，学生不是成年人。不管他们看起来有多成熟，人类的大脑直到25岁左右才会像成年人一样理性地运行。在职业选择上，青少年和成年人之间有很大的不同。孩子在长大成人之前要经历几个发展阶段，这个过程不可能一蹴而就，这是生理决定的。任何复制现实世界（通常指成人世界）的尝试往好了说都是不成熟的，往坏了说就是完全被误导了的。

其次，学生还未处于现实世界中。当然，现实世界并不完全是属于成年人的，但是这种认为学生所处的世界不属于现实世界的看法低估了（甚至是不尊重）一个年轻人所面对的复杂性。学生的世

界同样是现实的，教师需要决定学生所做的准备是复制经验，还是通过技能发展和关注当前需求来确保今天的成功。



**相关原理**：评估架构，结果的交流

**主题**：指标，重评

## 有时我觉得我比学生更努力，如何解决这个问题？

反馈和学习应该促进学生行动，基于此，在促进学生进步时，教师就无须比学生做更多的工作。很多时候，教师花费大量的时间向学生提供详细且具体的反馈，然后只是邀请（但不是要求）学生根据这些反馈做些什么。教师应该提供促进进一步学习的反馈和指导，而不是简单地重复过去所做的。反馈和应答式教学的目的应是推动学生达到下一个掌握水平。教师应该将反馈聚焦在学习的一些（而不是所有）关键品质上，并要求学生针对反馈采取行动或修正。把所需要的修正纳入课堂时间中，因为修正是学生推进学习的有力工具。正是这种根据反馈做出的行动才会促成结果。这意味着教师要减少只是邀请性的或不需要学生行动的反馈和评语的数量。

对于重评，教师也应该采取同样的方法。在重评之前，学生需要承担参与并记录进一步学习的额外责任。教师必须教学生如何为优势和下一步行动而检查评估，并对自己的学习负责。这并不是让教师邀请学生进行重评，而是让学生自己决定是否参与。如果学习是关键的，教师应该有目的地引导那些没有表现出掌握水平的学生反思自己还需要学习什么，并给予额外的指导来满足学生的需要，然后要求学生进行重评。通常情况下，那些最需要额外支持的学生不会主动地要求重评或寻求所需的帮助。他们很可能没有信心，甚至觉得重评压根儿没用。因此，重评并不是简单重复，简单重复只能导致教师花费无数的时间来催促学生完成作业或寻求帮助。重评是让学生反思自己知道什么，还需要学习什么。重评聚焦于最关键的学习。干预或额外的指导要聚焦于有待掌握的关键的学习目标上。教师可以将其安排到一天中，作为单元流程的一部分，或者放在预留的干预时间（protected time）中——如果学校有这种时间安排的话。

**相关原理**：结果的交流，学生投入

**主题**：反馈，学生参与及动机

## 时间管理

### 似乎我所做的一切就是测试，我从来没有教学。如何恢复我的教学能力？

如果设计得当，测试和教学可以形成互利的关系。测试涉及对当前的成就水平的测量（直接或通过推理）；教学是教师为积极影响学业成就所做的事情。如果两者平衡，教学可以影响测试，而测试也同样可以为教学提供信息，但关键是平衡。虽然两者相互影响，但教学才是积极影响学习的因素。测试对学习的积极影响并不比体重秤对减肥的帮助更大。

如果评估被视为一个名词，那么基本做法就是教师必须停下教学来进行评估。在名词范式的评估（assessment as noun paradigm）

中，评估（测试）干扰了教学流程。在这种情况下，由于测试和教学服务于不同的目的，可预见的结果就是教学受到阻碍。

如果用评估取代测试，就会出现一个不同的范式。运用评估指导教学实践正是形成性评估的真正力量所在。如果教师能够引出有效和可靠的学生学习信息，就可以利用这些信息做出后续的教学决策；这是动词范式的评估（assessment as verb paradigm）。在这种情况下，持续的评估是必要的，因为教师需要知道学习是否在发生、发生到什么程度以及下一步需要采取哪些措施等。

如果评估的主要目的是为下一步的教学提供信息，那么如果没有评估，教师就无法有效地进行教学，因为他们无法确定学生是否正在学习应该学习的内容（只有在很长时间以后才能确认），也无法确定如何满足学生的需求。如果教师所做的只是测试，那么他必须做出改变。然而，如果教师评估是为了确定下一步的教学步骤，那么持续的评估将是必要的。

**相关原理**：精准解释，结果的交流

**主题**：反馈，形成性评估

## 没有时间为评估进行最佳的练习，没有时间讲完所有的课程。我怎么能管理一切？

有效的评估实践可以节省教师宝贵的时间，并促进学习的增长，这比课程内容覆盖面重要得多。然而，许多课程以及州或省的文件中所规定的期望是必须达到的，因此教师在评估设计中需要采取的一个重要步骤就是通过明确基本学习来阐明所承诺的可行的课程（non-negotiable，不可协商的）。基本学习反映了教师认为对自己学科领域和年级水平的学生至关重要的期望。这个步骤能让教师将自己的注意力集中在最重要的方面，并且让学生将大部分时间花在课程或年级水平的最重要的方面。教师提供的干预也要与基本学习有关。在实施重评时，新的评估必须与一个学科领域内不可协商的技能和理解有关。这反过来又使教师能够运用有效的最佳评估实践来满足学生的需求。

**相关原理：**评估目的

**主题：**基本标准，重评，干预反应

## 远程学习环境中的教学灵活性

教学灵活性在远程学习环境中的重要性显而易见。不同家庭环境中的学生随时都可能有截然不同的需求，教师必须灵活地识别这些需求，并快速有效地做出反应。像在课堂中一样，学生每天都会带着自己的背景知识、学习偏好和兴趣进入学习情境。而且，学生要接受许多新技术（尽管可能并非对每个人来说都是新技术），所有这些都是在非常个人化的学习情境下进行的。这使得形成性评估和应答式教学的灵活性非常重要。

在这种情况下，为具备教学灵活性，首先，教师必须设计收集学生当前学习状态的证据的方法，以便做出教学决策。其次，教师必须开发记录信息的流程，这样他们就可以实施灵活分组和差异化的回应。再次，如何让学生提出问题、在课程中设计强有力的问题，鼓励对话，教师要花费额外的时间研究，从而开发可以提供额外信息的观察工具。最后，教师要思考如何让学生参与到决策中来，以增加学生做出合理反应的可能性。

在远程学习环境中，教师要考虑以下几点：

1. 围绕基本学习目标收集证据，这样决策就能集中在最基本的事情上，教师也能很容易地识别模式、优势和需求。

2. 设计尽可能灵活的收集证据的方法。如建立可以应用于不同任务的成功指标，并在不同时间收集不同学生的证据。

3. 形成性评估不一定要（尽管可以）采用书面测验的形式，可以从概念图、信息图表、视频短片、录音、照片、口头解释和任何其他方法中收集证据。如果教师和学生都清楚地了解具体的学习目标，那么收集证据的方式就可以非常灵活。

4. 开发一种信息记录的方法，使教师（和学生）能够很容易地识别需求并做出不同的反应。一些成绩单能让教师记录不计入最终等级中的形成性证据。如果成绩单没有这种记录形成性证据的选项，教师可以围绕学习目标开发额外的电子表格来帮助自己做出有教学意义的灵活决策。

5. 寻找即时回应学生需求的方法。教师要找到能够对学生作业进行即时反馈的数字化工具、能够让学生在课中快速做出反应的工具、能够让学生在需要的时候提出正确问题的工具以及能够让教师倾听学生对话并观察学生学习过程的工具。此外，教师还要找到将学生分组的方法、帮助学生与教师或同伴联系的沟通工具。学生对这些过程越熟悉，这些过程就会变得越有效。

6. 利用学生的优势，并根据这些优势将学生联系起来。教师并不是唯一能回应学生需求的人。找到让学生相互合作推进学习的方法是至关重要的。

7. 让学生参与研究促进学习的方法。许多学生对技术和教师努力培养的技能有着令人难以置信的了解。让学生探索自己的学习过程，反思自己的决策，不仅可以有助于促进学习，还可以帮助他们成为更好的学习者。这也促进了学生的投入——这种投入在远程学习环境中非常重要。

## 引出学生学习证据的问题

表 7.2　引出学生学习证据的问题

| 学习目标 | 问题 | 目的 |
| --- | --- | --- |
| 我可以描述风化以及它是如何影响地球的；<br>我可以描述侵蚀以及它是如何测量的 | 风化和侵蚀的区别是什么 | 教师将此列入出门卡，检查学生对侵蚀概念的理解。为了进行解释和预测，所有学生都必须理解这个概念。教师要与没有掌握这一概念的学生个别交谈 |
| 我可以解读地图上的数据来描述地球上的模式和变化 | 比较你和你搭档的解释性陈述。它们有什么相同和不同之处 | 教师可以借此了解学生是否理解解释性陈述，是否能读懂地图。通过学生的对话和解释，教师可以搞清楚谁能读懂地图，谁能陈述出关系（他们可以解释的明确证据），谁能得出结论或像科学家一样思考 |
| 我可以用地图上的数据来描述地球的演变 | 解释性陈述如何帮助我们理解地球的演变 | 学生以小组合作的方式讨论这个问题。为了做出预测，教师要检查学生是否能看到地球在不同时间的变化和模式。他们甚至可以建构一个模型来描述变化 |

续表

| 学习目标 | 问题 | 目的 |
|---|---|---|
| 我可以利用对地球特征以及它们如何变化的知识来发现问题，做出预测，并提出解决方案 | 为什么侵蚀和风化对地球而言是威胁？用阅读材料和调查中的证据来支持你的想法 | 学生三人一组，探索这个问题并找出证据。教师收集出现的问题，并用它们来鼓励学生在小组对话中进行进一步的思考 |
| 我可以利用对地球特征以及它们如何变化的知识来发现问题，做出预测，并提出解决方案 | 为了预测未来200年侵蚀对地球的影响，科学家可能会问哪些问题 | 教师用这些问题来确定学生对地球如何变化的理解程度。教师用表层的问题向学生展示如何追踪这些数据，用更深层次的问题在课堂上引发对话 |

资料来源：Erkens, C., Schimmer, T., & Dimich, N., 2018. Instructional agility: Responding to assessment with real-time decisions. Bloomington, IN: Solution Tree Press.

第八章

# 学生投入

正如本书前面所述，评估必须创造一种关于学习和希望的文化。这只有当评估架构被严密地设计、有效地使用且学生投入学习并能够描述自己的学习状况和如何实现成长的情况下才能实现。这就使得学生投入成为有效评估系统的一个关键特征。

只有在学生清楚地了解他们想要达到的目标，了解高质量的作业应该是什么样的，并且能够为达到学习目标进行调整和修正时，这种类型的自我调节才有可能实现。当学生深度地投入时，学校和课堂的文化就会聚焦于有意义的学习，同时学生也可以利用教学和评估经验来了解自己的学习状况。这些信息能引导学生努力成长的行动——朝着学习目标前进，并在日常学习中发现价值、相关性和意义。学生在这些活动中收获了信心和效能感，因为他们可以看到结果（Dimich，2015）。

学生投入是要进行设计的。如果教师有目的地思考如何让学生反思自己的经历，设定有意义的目标，并做出满足自己需求的决定，那么每个人都能受益。教师可以规划学生在日常课程和单元计划中的投入，通过有助于提升学生效能感的灵活的教学选择来增强学生的投入，并在评估之前、评估期间和评估之后的决策过程中培养学生的投入。如果教师增强了学生投入，学习成果也会随之改善。



## 学生投入的基础

### 如何让学生参与评估过程？他们能做什么？

教师可以让学生参与评估过程的各个方面。学生不是作为评估经验的被动接受者，而应主动参与确定如何实施评估，如何最适当地回应评估以及哪些新目标将构成接下来的短期目标。

在任何评估之前，重要的是让学生了解（并可能参与创建）学习目标和成功指标。虽然没有必要总是共同创建目标和指标，但让学生清楚地了解成功是什么样的至关重要。使用样例往往更有利于展示（而不仅仅是告知）一个高质量的产品或表现应该有的样子。此外，学生可以使用目标和指标来设定具体的目标，并能够评价自己对手头任务的效能感。巴里·J. 齐默尔曼称这一阶段为预见阶段（forethought phase）。

在评估过程中，学生有机会监控自己产出的质量。借助在评估过程之前明确指标，学生可以在整个学习周期的多个节点上将自己的表现或产品的质量与教师期望的质量进行比较。这种比较可能具有挑战性，因为在评估不局限于对错判断时，这种比较通常要求学生做出推断。因此，在要求学生将自己的努力与成功指标进行比较时，示范和明确的指导是关键。

教师还可以利用同伴评估架构，让学生评估和反思彼此的学习，以增加他们的投入。通过将同伴的反馈与自己的反思相结合，学生可以自我监控，更密切地关注哪些习惯、技能和倾向会促成成功，关注如何战胜最初的挑战以及下次可以做出哪些改变。在这两种情况下——无论是监控学习还是评估自己的习惯和倾向——学生的目标都是为自己或他人提供有助于持续促进学习的下一步行动的反馈。

在评估之后，学生投入可以包括对表现和学习倾向的反思。关于表现，学生可以反思自己是否对结果感到满意，在更大的学习目标上取得了什么总体进展以及下次可能需要做什么。在对倾向进行反思时，学生可以关注是否注意到某个时刻不确定自己所用的方法，运用了何种策略来留在（或回到）正轨上以及面临的挑战如何影响自己。从本质上讲，对学习的结果和过程的反思可以为他们下一个学习周期的预见阶段提供养分。

**相关原理：**精准解释，评估目的

**主题：**指标，自我和同伴评估

## 如果学生有高投入，学校看起来会是什么样子的？

在学校中，学生的高投入具有以下指标。

1. 更高的作业完成率（因为它被认为是有意义的）。

2. 在做出决定和探讨主题时，教师和学生有平等的发言权。

3. 更多的反馈证据和更长的回应时间。

4. 经常性的自我评估和目标设定并有时间开展这项工作。

5. 更高程度的冒险精神、好奇心。

6. 更少的纪律问题，更多的自我调节。

7. 更高的出勤率以及更多聚焦于任务的行为。

8. 以有个人意义的方式表达理解。

**相关原理：** 学习文化

**主题：** 学生参与及动机

## 评估与学生信心如何相互作用？

评估不是没有感情地收集信息；它也有人性化的一面。每个学生都会对即将到来的评估产生情绪反应，这意味着学生的性格倾向会影响他们在评估中的表现。学习不能与其社会情境分离，因此教师必须始终考虑评估经历的情感维度。

信心是有依据的乐观（grounded optimism，参见 Kanter，2004），不应该被曲解为自大或应得的权利。真正的信心是对成功潜力的真实的乐观，可以通过评估策略的有效运用——特别是形成性地运用评估以引导学生掌握——来建立。分解标准，建立学习进阶，在整个学习过程中策略性地融入评估策略，并就下一步行动提供持续的反馈，揭示了通往成功的从简单到复杂的路径。在学习进阶的每一步中，教师和学生都会看到前进的路径，并知道如何保持留在正轨上。俗话说："没有什么比成功更有利于成功。"（Nothing succeeds like success）所以，有目的地将学习目标和指标透明化，有助于创建一条成功的轨道——在这条轨道上，随着学习的加深，学生的信心也会逐渐建立。

评定方式也会影响学生的信心。有些传统且长期存在的评定实践仍有可能侵蚀学生的信心（Schimmer，2016），许多传统的评定实践将非学习因素（例如，对迟到的惩罚）纳入成绩，结果扭曲了成绩水平，从而使得精确评定不可能实现。这进而使得学生无法搞清自己当前的学习状况。学生永远做不到按自己的意愿在评分量表上上升或下降，正因如此，教师必须注意如何确定成绩和报告学习。通过评定建立和保持信心并不是要对学生当前的学习状况说谎。相反，建立和维持信心需要通过不断的重评和灵活的展示方法确保通往掌握的路永远不会关闭。

没有什么比糟糕地设计和实施的评估系统更可能破坏学生的信心，这一事实告诉我们，评估是一项非常个人化的体验。教师要时刻记住评估有遗留的情绪影响；教师处理评估的方式可能有助于也可能削弱他们试图与每个学生建立的关系以及学生长期的信心。

**相关原理：** 评估目的，精准解释

**主题：** 形成性评估，总结性评估与评定

## 评估与教师信心如何相互作用？

教师对自己的评估实践和评估结果越有信心，就越能更好地持续反思和寻找最好的方法来测量学习，并回应学生的需求。信心能够催生乐趣、创造性、合作和有效的沟通。

这意味着教师能够设计评估工具和流程，以精准地捕捉学习目标中应该实现的学习。教师要非常清楚地了解标准以及这些标准的

进阶方式。教师还要相信自己能设计出一种评估架构，该评估架构能让学生做得最好并测量需要测量的东西。知道使用哪些提示、提供哪些文本以及用什么样的条件来确保学习，这些都可以使教师对自己的评估决策充满信心。

知道评估信息能告诉自己关于学生的情况——他们的优势和遇到的挑战——意味着教师对自己的这些能力有信心：为学生提供各种灵活的分组、反馈和额外的学习机会来推动学生的学习进步。这就是信心，它会带来更加有效的学习。



**相关原理：** 评估目的，学习文化

**主题：** 反馈，形成性评估

## 是什么让评估体验对学生有积极意义？

如果能增强学生的信心，促成明确而有意义的行动、对优势的验证、明确的下一步以及提高了的效率，那么评估体验对学生就是有积极意义的。无论评估结果如何，如果学生感受到希望尚在，那么评估就起到了积极的作用。

有时，评估结果会表明学生需要支持，需要重新进行内容学习，或需要继续练习和反思。此时，如果学生得到明确的反馈、必要时的重新教学和支持以及练习和解决特定指标上的问题所需的时间，那么他们仍然可以获得积极的评估体验。借助丰富、支持性的支架以及对最终成功的可能性的关注，评估体验可以维持甚至激发学生的投入。评估结果可以揭示优势和挑战，但如果孕育了希望，体验本身就有了积极的意义。

**相关原理：** 评估目的

**主题：** 形成性评估，学生参与及动机

## 学生投入不就是关注成绩吗？

学生投入表现在许多行为上，对成绩的关注可能是其中之一。然而，关注成绩并不是证明学生投入的唯一方式；在许多情况下，仅仅关心成绩甚至会减少学生真正的投入。当教师审视学生投入时，他们看到的是在学习环境中基于有个人意义的参与做出决策的高动机水平的学生。

投入是指学生在多大程度上参与学习，并能描述自己在朝着目标前进的过程中的学习状况，知道如何有效地开展下一步行动。当学生有深度的投入时，学校和课堂的文化就会聚焦于学习以及作为学习一部分的经验和机会。当然，分数是最终目标的一部分，但真正的投入会深入学习的过程中——所提出的问题、所鼓励的探索以及过程中的成功。有时，对好成绩的追求会阻碍这些真正的投入。例如，如果学生认为获得高分意味着关注对老师而不是对自己最重要的事情，就可能会犹豫是否冒险和提出问题。

正因如此，那些参与自我评估和目标设定，共同构建成功指标和反馈的评估过程的学生更容易表现出强烈的投入度。此外，如果学生真正关心自己的学习情境，那么他们就会投入，而好成绩只是这种个人意义建构的副产品。

**相关原理：**精准解释，评估目的

**主题：**学生参与及动机，总结性评估与评定

## 怎样才能把学生的注意力从成绩上转移开？

答案既简单又复杂。简单的做法就是不要频繁地打分。教师不需要为了分数来进行教学，学生也不需要为了分数来学习。席默尔（Schimmer，2014，2016）、瓦特洛特（Vatterott，2015）、威廉（Wiliam，2011，2013a，2018）等人的研究表明，成绩和分数会干扰学生继续学习的意愿。当然，成绩是学生申请大学的必备条件，但教师不需要为学生创造的每一个产品或表现打分；相反地，应该将评估的焦点从分数转移到反馈、练习或其他有效的反应上。

复杂的做法需要更大范围内的范式转换，以摆脱关于成绩的通行范式。大多数上幼儿园的孩子都不知道成绩是什么，直到他们生活中的成年人——包括老师和父母——告诉他们。上幼儿园的孩子从来不会这么问："你在给这个评分吗？"学生进入教育系统时并不会关注成绩。也就是说，一旦成绩成为学校经历的一部分，教师谈论和使用成绩的方式将会改变学生对成绩的看法。成年人关注的会成为学生最终认为重要的东西，所以成年人对成绩的痴迷造成了学生对成绩的痴迷。

首先，在评估时只为总结性目的——验证学习是否已经发生——而评定成绩。形成性评估过程中，取消所有等级、分数或级别，只向学生提供反馈来验证优势和确定需要加强的领域。其次，确保分数只反映学生达到标准的能力或学生所生产的证据的质量。

只要对学生表现的期望处于适当的认知复杂性水平，并将所有非成就（non-achievement）因素分开处理，教师就可以确保更高的分数意味着更好的学习。

教师可能无法完全消除所有学生对分数的关注，但如果（当教师决定提供分数时）能够将分数变成学习质量的反映，而不是所要求的标准配置，那么学生在得到分数时可以更确信它是有实际意义的。

**相关原理**：评估目的，结果的交流

**主题**：反馈，总结性评估与评定

## 评估实践

### 在进行评估之前，该如何规划投入？是否可以通过评估来提高学生投入？

当学生投入学习或评估中时，通常会获得并展示他们所知和所能的最好的东西。这些条件在评估环境中是完美的，因为这意味着教师可以在评估过程中检查学生在做什么和想什么，并确定所发现的任何困难都不是由于缺乏投入导致的。

因此，当教师致力于设计评估工具和流程时，就必须考虑吸引学生投入学习的次数和方式。评估设计始于教师对所要教授和评估的学习目标背后的意义的思考：为什么在学生可以探索的所有事物中，选择了这个特定的目标？对这个问题的探索可以帮助教师了解每个学习目标的核心。鼓励对世界观的探索是意图所在吗？它之所以重要，是因为它激发了批判性思维或创意表达吗？如果教师清楚地了解了学习目标的深层含义，就可以开始想象，如果从学生的角度审视，这个问题的答案可能会发生什么变化。为什么这对学生很重要？教师又该如何让学生以一种有个人意义或引人入胜的方式来探索这个目标呢？

实际上，学生投入建基于教师对两个方面的深刻理解：一是学习目标，二是参与学习和评估的学生。致力于开发出能充分利用学生投入的评估架构，有助于产出更有效且可靠的评估数据，同时也有助于学生保持对更大的教育图景的关注。

**相关原理：** 评估架构

**主题：** 关键能力，学生参与及动机

## 如何帮助学生理解评估的不同目的，并鼓励他们接受评估？

有时候，教师会过度分享。就像司机不需要了解引擎的工作机制一样，学生也不需要了解教师所用方法和工具的技术细节。学生需要了解的是，他们在被评价之前会有很多练习的机会。认识到这一点，问题就变成了两个方面：（1）教师如何让学生重视练习；（2）教师如何在两次评估之间利用练习来改善学生成就，从而确保学生在最终评估中达到掌握程度。

以下是帮助学生重视练习的建议：

1. 设计吸引人的总结性任务和表现——让学生迫不及待地体验。

2. 明确总结性评估中取得成功所必需的技能和知识的细目。

3. 创建资源，使学生能够健康成长，并追踪总结性评估必需的知识和技能的准备情况。例如，能反复运用的一致的评价量规或数

据追踪表。

4. 提供诊断性反馈，指出优势并分析差距，使学生做出改进所需的调整。让反馈变得有用，确保学生不会错过反馈。

5. 让学生运用从自己的练习中产生的证据，来确定未来的机会或下一步行动，不必继续练习已经掌握了的概念和技能。

以下是保证练习能够促使总结性评估成功的小提示：

1. 保留学生在总结性评估中达到掌握的程度可能性。确保练习中早期的错误和失误不会阻碍学习结束时的成功。

2. 创建一个路线图来保证每个练习机会：（1）与总结性期望保持匹配；（2）提供结果，这种结果能让教师和学生都了解对基本技能的掌握程度；（3）为每个学习目标的进步提供多种机会。示例见表 8.1。

**表 8.1　能指向成功的总结性评估的形成性评估路线图**

信息性文本的阅读

目标 1：提出并回答问题来展示对文本的理解，将明确文本作为解答的基础。

目标 2：确定文本的主旨。

目标 3：重述关键细节，并解释它们是如何支持主旨的。

目标 4：运用与时间、顺序和因果有关的语言，描述一篇文章中的一系列历史事件、科学思想或概念以及技术步骤之间的关系。

评估：家庭作业（H），检查点（CP），项目（Project），最终评估（Final）

| 项目 | H1 | H2 | H3 | CP1 | H4 | H5 | CP2 | H6 | H7 | Project | Final |
|---|---|---|---|---|---|---|---|---|---|---|---|
| 目标 1 | × | × |  | × |  |  |  |  | × | × | × |
| 目标 2 |  | × | × | × |  | × | × |  |  | × | × |
| 目标 3 |  |  | × |  | × | × | × | × | × | × | × |
| 目标 4 |  |  |  |  | × |  | × | × | × | × | × |

**相关原理：**评估架构，评估目的

**主题：**形成性评估，总结性评估与评定



## 学校如何缓解当前学生对评估的焦虑，以培养自信和自主的学生？

当将教师评估实践与学生信心和自主性联系起来时，细节非常重要。学校如何解释（包括所运用的语言）、运用评估以及如何回应评估结果等，都可能增加或降低焦虑。焦虑通常包括不愉快的感受或恐惧，并可能因未来事件缺乏可预测性而增强。如果评估降低了学生的能动性，忽视学生的发言权，不能培养为成功做准备的能力，那么焦虑就会增加。学校的所有评估过程都应该从以下几个方面进行检查。

1. 评估实践让学生感受到的控制感或能动性是更多还是更少？学生是觉得评估反映了自己的状况，还是觉得被欺骗了？

2. 学生准备好接受评估了吗？他们知道评估是如何运用的吗？随着时间的推移，他们是否有机会提高自己的学习水平并改进他们的努力？评估是一次性的（one-and-done）吗？

3. 评估决策和反应会给学生带来情感或社交上的痛苦，还是会通过挑战来支持和鼓励他们？

4. 评估实践强调还是忽视了优势和能力？

5. 评估实践提高还是降低了乐观情绪？

6. 评估实践支持还是削弱了灵活性、选择性和响应性？

7. 家长和学生理解评估决策和评估语言吗？他们是否对评估和

如何利用评估促进学习达成了共识？

学校文化以及评估作为学习中的角色会发挥重要作用。这些问题有助于学校检查每天发生的评估实践，从而确保评估能培养信心和自主性，消除焦虑。



**相关原理：** 精准解释

**主题：** 成长型思维，家庭作业，父母的参与，学校和课堂文化与氛围

## 当学生没有运用我的反馈时，该做何反应？

当学生没有运用反馈时，教师就必须做出反应。反馈和行动是相辅相成的，因此，缺乏对反馈的反应是需要注意的。然而，在做出反应之前，想一想反馈被忽略的根本原因可能会有所帮助。以下是一些值得思考的问题。

1. 学生是否在能够做出回应的时候收到反馈？如果反馈来得太早，创造性和自主权可能会被扼杀；如果反馈来得太晚，他们可能没有足够的时间做出回应。

2. 反馈是否具体？它是否依据具体的成功指标或高质量工作的特征？如果达不到这种具体程度，学生可能无法清楚地了解应该关注学习的哪些具体方面。让学生进行样例分析有助于他们理解成功指标。

3. 反馈是否也提供了关于学生如何达成不同结果的建议？学生必须认识到需要注意什么，还得将需要注意的领域与有助于实现成功的修正和重学结合起来。

4. 学生是否有时间和资源来做出回应？是否有外部因素占用了学生的时间，阻碍了他们做出回应？为订正和反思留出时间会使学生更有可能做出回应。

5. 这些反馈是否鼓励思考和决策？学生可能不会对过于指令性（directive）的反馈做出回应，因为他们看不到哪里需要回应——所有的决定都已经帮他们做好了。强有力的反馈传达了一种信念，即反馈接受者自己能够应对挑战。有时，从多个来源获得反馈对学生很有帮助，这样决定权就会掌握在学生自己的手中。

6. 学生是否因为优势而受到鼓励和认可？基于优势的反馈利用乐观、技能和知识来支持需要支持的领域。如果负面反馈太多而让学生不能感受到可控或被鼓励，学生就会有挫败感。

7. 学生能否从对他们重要的人那里得到关于真实任务的反馈？认识到反馈始终很重要是很容易的，但有时学生可能不会投入任务本身中，有时由教师以外的人提供的反馈可能会更有成效。导师、同伴、家庭成员、领导者或艺术家都是可以提供反馈的个体。

**相关原理：** 结果的交流

**主题：** 反馈，成长型思维

## 如何鼓励学生追求拓展而不是满足于掌握？

如果学习经历发生于能够安全地进行智力上的冒险的环境中，能够激发内在动机，能够为拓展提供足够的挑战，那么所有年龄段的学生——甚至是作为学习者的教师——就能投入这种经历中去。让学生投入拓展学习也必须遵循同样的原则。以下是在提供拓展学习时需要考虑的一些事情。

1. 当有相关证据出现时，注意并认可学生的掌握程度。这意味着，即使学生在预期的时间之前表现出已掌握，教师也得注意到它。有些学生在正式的评估之前就达到了掌握程度，如果教师确认学生的所知和所能反映出他们明显已掌握，那就认可掌握，比如说："我看得出来，你已经知道如何做分数乘法，并把乘积简化成最简单的形式。我想给你一些更具挑战性的问题。"这可能很简单。

2. 预测拓展的需求，并思考有需求时进行拓展的方式。教师如果能提前考虑如何鼓励更深层的思考和更复杂的技能应用，就会更仔细地考虑和设计要拓展的学习。

3. 要认识到拓展学习如同其他类型的学习一样，也需要教学、反馈和支持。拓展不是"让老师大吃一惊"或"给老师留下深刻印象"。相反，它是通过提高复杂性或以新的方式探索学习目标，来丰富学习，给予学生适当的挑战。

4. 确保不会因为拓展而导致评分下降。有时，学生需要得到保证，在进行拓展学习时，他们仍维持高成绩。拓展学习不应该是惩罚性的。

5. 给学生足够的时间去探索拓展学习。这意味着他们要有时间去练习、探索、反馈、订正。

6. 努力丰富拓展学习的内容和情境，使其具有吸引力。如果它看起来吸引人，且值得付出时间，学生会更倾向于拓展。

7. 尊重学生的归属感需求，确保这种拓展不会带来社会风险。学生需要持续与他们的朋友互动，与同伴一起创造意义，并和他人分享自己的学习成果。

**相关原理：**评估架构

**主题：**丰富与拓展，成长型思维



## 如何和学生讨论数据？应该这样做吗？

数据就是一种以更容易理解的方式表示复杂观点和变量的方法，了解这一点对学生很有帮助。并且，数据有助于分析这些观点和变量，从而可以探索模式、异常现象和关系。数据能引发关于因果关系、策略和未来可能性、优势和挑战的探讨。因此，与学生讨论评估数据会是有益的。

如果教师要与学生讨论数据，那么学生不仅要理解数据，还要理解讨论的原因以及教师因此而希望学生采取的行动。为了提高数据讨论带来的积极学习结果的可能性，教师应考虑以下几点。

1. 让学生根据自己个人评估数据构建图形和图表。这确保了他们自己的评估结果不会被其他人看到，并且让学生对自己的评估信息拥有所有权。

2. 确保评估数据以易于理解的方式加以组织。检查和处理数据的过程对任何人来说都不应该是麻烦的，尤其是对学生。

3. 在处理形成性数据时，要确保学生能够设定目标，并就如何满足自己的学习需求做出计划。数据只有在能够促进学习时才是重要的。

4. 与学生合作，确保数据能反映持续的进步。如果数据集反映的都是失败，那么不会有人愿意使用它们。

5. 明确地示范如何运用数据分析来指导适合于学生学习经验的开发。评估数据是帮助学生理解灵活分组和差异化教学的重要性的好方法。

**相关原理：** 结果的交流，精准解释

**主题：** 成长型思维、学生参与及动机

## 如何在异质课堂（heterogeneous classrooms）中对不同能力的学生进行分组？

在异质课堂中对学生进行分组，最好是动态的、灵活的，且因目的和作用而不同。有效的分组必须考虑目的，且聚焦于学习。学生应该以多种不同的方式与多样化的对象组合。

学生可以组成小组来学习或探索一个概念。这有多种做法。一种是明确几个主题并让学生根据兴趣进行选择。另一种是将有相似理解的学生分到一组。如果将那些对概念有更深入理解的学生与那些处于初级理解水平的学生分到一组，前者通常会回答更多的问题，并做更多的工作，因为这样更快。在这种情况下，后者就没有机会去探索和思考，也没有机会在更深的层次上努力去挖掘这些概念——而这是让他们能够深入学习这些概念所必需的。然而，教师通过观察，搞清楚学生如何互动，谁在意见交换中合作得更好，谁就可以影响这些潜在的分组。关键在于观察分组的影响，如果有证据表明其有效，就继续这样做；如果起不到应有的效果，教师需要尝试一种新的组合或结构。

基于类似的理解对学生进行分组是有益的。例如，所有需要对

文本证据做出解释的学生可以一起探索。然后，他们可以重新检查自己的初稿，并根据在小组中学到的东西来修改初稿。这也适用于基于类似的理解对学生进行分组，因为如果将处于初级理解水平的学生与有更深度理解的学生分在一个小组，后者可能会接管那些仍然在学习的学生的工作。在这种情况下，处于初级理解水平的学生就得不到学习和成长所需要的实践或支持。如果这些学生觉得目标只是完成工作，那么其他学生会替他们完成。

在对学生分组时，让每个人都关注自己学习中的下一步行动，而不是所得到的分数。根据学习目标和下一步行动进行分组，确保所有教学和干预的重点都聚焦于每个人学得更好，而不是得到更多的分数。

最后，在分组时要让每个小组都清楚学习重点。这意味着学生要回顾评估信息，明确自己为何被分在这个小组中。通过关注学习和评估的证据，学生会更清楚路径和推论，从而使自己能够在学习中迈出下一步。

将焦点落在学习内容上，而不是分组的类别的含义上，对于教师和学生在分组中取得成功来说至关重要。埃里克·M. 安德曼和阿德里安娜·I. 马丁内斯·卡尔维特（2021）认为："研究表明，当教师公开指出哪些学生在某项任务上做得很好，或者当教师明确指出一些学生正在经历挑战时，学生就会把注意力转移到同伴对他们的看法上，而不是聚焦于掌握任务本身。"教师要想在无形中消除学生的尴尬或避免他们受到伤害，就要做到以下几点：（1）以不同的方式分组；（2）持续关注基于标准或目标的学习需求，而不是学生个人；（3）建立一种课堂文化——犯错是每个人学习过程中自然且应乐于接受的部分；（4）保持一种成长型思维，乐观地认为所有学生都会成功地达到学习期望。

**相关原理：**结果的交流，精准解释

**主题：**反馈，干预反应

## 如何运用评估实践帮助学生发展毅力和坚持性？

事实上，为了让学生坚持并关注评估的准确性，教师必须创造三个条件：（1）所有反馈必须面向未来，以便学生可以将其应用于对未来的评估；（2）主要的评估必须反复考察独立于任务（task-neutral）的技能，以便学生可以尝试改进；（3）评分实践必须保证学生日后能够通过样本中的模式来达到目标。如果教师工作中没有以上工作机制，如果反馈是脱节的，没有跨越多项评估，如果早期的错误决定了最终的结果，那么学生不会坚持下去，也不会关注评估的准确性。

**相关原理：**结果的交流

**主题：**反馈，成长型思维，总结性评估与评定

## 如何让学生为自我评估做好准备？

自我评估涉及一套复杂且相互依存的技能，教师必须专门但不是孤立地教授这些技能。自我评估最好一步一步地进行教授，同时融入所期望的学习中，并运用实际的学生作业和学习证据来加以引导。

为了让学生为成功的自我评估做好准备，教师可以尝试以下做法：

1. 将自我评估融入日常学习中——不要将其留到最后。当自我评估成为学习的一部分时，它就会是最成功的。事实上，它有助于学生达到更高的掌握程度。偶尔要停下来，观察和反思当前的状况，为下一阶段的学习设定可管理的小目标。

2. 确保学生第一次进行自我评估是为了推进重要的领域或技能的学习。学生在学习中投入越多，自我评估就越可能自然发生（试想电子游戏、运动或游戏中自我评估是如何自然产生的）。

3. 为学生提供有助于自我评估的提示（例如：你真正自豪的是什么？什么事给你带来了困难？你是如何应对这个挑战的？你的方法成功了吗？为什么？接下来你会尝试什么？）这可以帮助学生真正专注于自己的反思。

4. 给学生具体的、实时的作业作为自我评估的催化剂。把学生的作品（短文、视频、照片、图像）以及成功指标放到他们面前，让他们更容易进行自我评估。

5. 留出时间让学生对自我评估和行动计划做出回应。如果自我评估不服务于它的目的，那就毫无意义。

6. 尽可能避免表扬——表扬会让学生将自我评价的目的看作达到教师目标的一种方式。相反，要求学生解释自己的想法和决策。通过这种方式，学生会对自己的学习拥有自主权。

**相关原理：** 结果的交流，精准解释

**主题：** 自我和同伴评估

### 怎样才能帮助年幼的学生更好地投入评估？

要让学生投入评估，第一步是确保在与学生交流评估时聚焦于学习。学生如果从小就体验到评估是探索和学习的一部分，就会把它看作是一个帮助自己克服挑战并走向成功的过程。

当教师或同学拍下学生在数学课上建模的视频以展示他们所知道的内容时，学生就可以投入评估。当谈论前一天写下的故事，并在今天的课上设定一个目标时，他们可能会经历评估。当用柱状图记录所学到的常用词的数量并庆祝开创某座里程碑时，他们也可能会经历评估。所有这些例子都会让学生有机会看到自己学习的进步，并反思自己未来将要做出的决定和选择，进而庆祝成长。教师要帮助学生理解，这是评估在课堂上扮演的一种重要角色。评估的运用可以帮助教师规划良好的学习体验，并帮助学生关注自己的学习。

**相关原理：** 评估目的

**主题：** 形成性评估，自我和同伴评估

## 支持与动机

### 当学生对评估体验反应不佳时，我该如何应对？

当学生对评估体验反应不佳时（例如，他们表现出气馁、愤怒、挫败、竞争、好斗），这意味着教师需要探索这些反应的原因。评估是一个有意引导学生发展优势、信心和深度学习的过程，如果它无法实现这些，教师就可能需要调整自己的评估设计和实践、课堂文化或关于评估本身的对话。

当学生反应不佳时，教师可能需要检查以下几点：

1. 学生是否为评估做好了充分准备？他们知道自己将如何被评估吗？他们有时间练习和调整吗？

2. 学生是否理解评估的目的？他们是否了解评估信息的用途？

3. 学生在评估过程中是否得到了必需的资源（包括材料、时间和适当的支持）？

4. 学生是否认为评估结果展示出他们作为学习者的价值？他们是否清楚了解评估与成功指标的关系，而不是与他人的评估结果的关系？

5. 问题、提示或任务是否清晰、准确，并与目标和标准保持一致？

6. 学生是否有时间反思和讨论评估和接下来的行动？他们依然充满期望吗？

7. 评估之后的事件是否与评估本身相关？学生是否能看到教学如何根据评估结果进行调整？

如果教师减少了学生在评估中遇到的特定挑战，将来就可以采取行动来调整这种体验。学生可能需要重新认识为什么要进行评估以及如何以积极的方式回应评估。像对待技能一样，教师可能需要明确地示范、教授和强化，从而让学生学会以亲社会（prosocial）的方式对评估做出反应。

**相关原理**：评估架构，评估目的

**主题**：成长型思维，学生参与及动机

## 让学生喜欢我所做的一切，这现实吗？学生即便不喜欢，也必须学习，不是吗？

不，让学生喜欢教师所做的一切是不现实的。每个人，包括学生，都有一些他们喜欢和不喜欢的以及介于两者之间的事情。话虽如此，学生如果从来没有接触过一件事，可能就不清楚自己是不是真正喜欢它，特别是他们处在小学和中学阶段时。所以，以下两点都没错：学生不会喜欢教师所做的一切；学生仍然需要学习——即使他们不喜欢。

缓解这种矛盾的一种方法是尝试教授可迁移的技能和过程。只要可能，教师就要创造机会让学生学习至少在某种程度上可以迁移到其他学科领域的技能。例如，尽管批判性思维因为其中的某些方面是某学科特有的而无法做到无缝地迁移，但学生可以跨学科领域发展——将在一门学科中获得的优势应用到其他学科领域。例如，“分析”就可以应用在多个学科领域（为找到关联模式而仔细检查维度或内容，这就是可以迁移的）。这种一个领域与另一个领域的联系可以帮助学生看到他们正在学习的东西的好处，无论他们是否喜欢。

建立复原力（resilience）的另一种方法是关注学生不喜欢的工作的心理倾向维度。换句话说，正是通过学生不大喜欢的工作，他们的性格倾向和习惯，如职业道德、自我指导、诚实和坚持（仅举几例），才得到了学习甚至检验。

教师不应羞于向学生承认，他们自己也不会喜欢被要求做的每件事。相反，通过发现自己不喜欢做什么，来发现自己喜欢做什么，这种对比是十分有必要的。因此，虽然学习可能不讨人喜欢，但学生可以通过自己所做的每件事真实地了解自己如何学习以及自己是谁。

**相关原理：** 评估架构，教学灵活性

**主题：** 关键能力



## 如何帮助学生克服“我就是不擅长这门课”的心态？

如果这种心态对教师来说很难克服，想象一下这对学生来说意味着什么。修正这样的心态可能需要对引发学生这种观念的经验和反馈进行重新构建。首先，关注学生的 DNA（desires，needs，assets）：欲望、需求和资源（Erkens，2016）。明确学生带到任务中的有用的东西，强调他们的优势、兴趣、天赋和技能。其次，通过小型挑战并给予高度聚焦的反馈来创造可能性空间。不要对每件需要修正的事情都进行反馈；相反，将反馈聚焦于最重要的领域，并利用反馈继续推进学习（不要替代学生思考）。再次，庆祝每个阶段的小成功。最后，为学生提供达到掌握水平的机会，即使这种掌握可能比其他学生来得晚，且需要克服开始时的失败。

教师可以在学习和评估中通过快速成功和建立信心的方法来打破循环。在为优势庆祝之后会出现较小的形成性评估机会，同时可获取的反馈会告诉学生成长是必然的。给予学生从错误中改正的时间，并设计支持冒险的环境，有助于改变固定型思维。独特的、能激发好奇心的学习体验有助于学生摆脱困境：对自己及正在探索的主题缺乏信心。学生如果保持期望，就不会有失去兴趣或失败的可能。

**相关原理**：学习文化，希望、效能感与成就

**主题**：反馈，成长型思维

## 如何支持那些在评估中表现不佳的学生？

当学生在评估中表现不佳时，教师要查看评估证据（无论学生写了什么、说了什么，或者以某种方式表现了什么），准确地确定学生的困难在哪里以及困难的原因，从而能够直接针对学生的学习需求提供支持。例如，教师可能会注意到学生在运用感知细节来写作时需要支持，因此设计了一个教学回应来解决这一需求；或者学生在分解因子方面需要支持，这也是教师需要通过额外的指导、反思和实践来解决的问题。如果评估有助于教师设计出解决错误根源的教学回应，其作用就得到了最大限度的发挥。

教师对学生的支持还需要满足学生的社交或情感需求。当学生对评估结果感到不安或沮丧时，教师可以让学生重新认识评估，让他们将评估理解为用以决定下一步行动的过程。教师可以与学生合作，培养对改进学习的持续期望，并设计实现这一结果所需的行动方案。

**相关原理**：精准解释

**主题**：形成性评估，学生参与及动机

## 如何运用评估实践来激励故意不学习的学生？

故意不学习的学生（intentional non-learner）通常会选择逃避智力上的冒险。大多数情况下，故意不学习的学生被认为是那些很

少出勤、很少做作业、经常错过必要的资源或者有时给学校带来纪律问题的人。然而事实上，如果因为担心影响成绩而选择避免冒险，一个成绩优异的学生也是“故意不学习”的人。拒绝承担智力风险但成绩优异的学生是顺从的，在学业上是成功的，但同时也选择了放弃拓展机会和深层次的学习。

无论学生是表现不佳还是表现优异，教师都可以运用一些评估指南，让学生重新参与有目的的智力冒险过程。

1. 让学生随着课程推进监控自己的进步。使用学生经常碰到的关键评价量规，这样评估可以改变，而类似评估的质量指标始终保持一致（例如，写作评价量规）。

2. 提供诊断性的反馈，帮助学生确定具体的错误，以便他们可以在两次评估之间进行改进。

3. 为学生提供持续的机会来反思自己的个人优势和成长领域。

4. 保证反馈对学生有用，这样学生就不想错失反馈。例如，提供更多的成功反馈而不是成长反馈（growth feedback，意指关于需要改进的领域的反馈——译者注），保证成长反馈变得有重点、有可操作性。

5. 把错误变成有成效的失败。教学生如何驾驭困难或具有挑战性的概念；扩展他们的策略工具箱。

6. 允许学生运用自己的评估数据来做决定。如果学生证明了自己已经掌握了一个概念，那么就可以将练习转向他们还没有掌握的概念。

7. 把掌握放在首位（Keep mastery on the table）。只要不给分数，学生就失去了追求最高分的机会，内在动力就会随之而生。

**相关原理**：希望、效能感与成就

**主题**：形成性评估，干预反应

## 目标设定

### 目标设定在学生投入中起什么作用？

学生投入的重点是确保知道自己要去哪里（学习目标或进阶），现在在哪里（使用评估证据来确定优势和下一步）以及下一步要做什么（基于评估证据的行动）。这个过程促进和培养了学生的自我调节能力，而评估是这个过程的中心。

教师要帮助学生利用评估信息来反思自己的学习，并将评估与学习目标联系起来，然后确定哪些学习目标已很好地实现以及下一步行动是什么。目标设定有助于围绕学习进阶建立结构和组织。它帮助学生确定目标，这样他们就可以反思自己所采取的行动是如何帮助或阻碍他们朝着学习目标的前进。教师要让学生参与进来，确保他们对掌握的含义和期望有清晰的理解。教师的反馈以及关于如何反思评估证据的指导，能帮助学生理解目前的进步与目标之间的差距以及成功需要哪些步骤。教师和学生都应该监控学习进步。无论目标是否实现，在此过程之前、之中和之后的反思都能为学生和教师提供关于下一步行动的宝贵信息。

对于年幼的学生，可以且应该在他们学习描述自己的学习并开始理解自己如何学习的时候进行目标设定。目标设定是一种很有价值的工具，可以帮助教师发展学生的成长型思维。如果学生设定目标并监控自己的进步，反思什么对自己有帮助、什么阻碍了自己，就可能发现自己所做的事会改变学习和成就。这是一个需要支架的过程，教师最终教会学生自我调节和自我评估的步骤，这些步骤可以在他们作为学习者的整个历程中继续发挥作用。



**相关原理**：结果的交流

**主题**：自我和同伴评估，学生参与及动机

## 如何鼓励学生设定更远大的目标？

当人们对某件事投入精力，并对自己实现目标的能力充满信心时，就会设定远大的目标。只有对实现目标有兴趣，人们才能设定一个真正有意义的目标。考虑到这些因素，设定远大目标的路径将变得更加清晰。

首先，教师需要与学生合作。重要的关联情境中重要的学习体验，会为设定目标奠定必要的基础。教师和学生要创造有意义和有目的的学习环境，这样才能产生真正的目标。当学生理解了学习的原因，就会明白设定重要目标的意义。

其次，在设定目标之前，学生要对当前学习的概念和技能有一个基本的理解，也要有关于当前掌握程度的基本证据。一种普遍的做法是，学生要在对内容有深刻的理解或对自己的优势和差距有一个现实的认识之前就设定目标。

再次，学生相信自己可以实现目标时，才会设定更远大的目标。如果评估能支持成长，教学能建立期望，那么学生将因有目标指引而成功。教师可以通过目标设定让学生体验经常性的成功，并

以此来增强信心。学生必须非常清楚目标和学习之间的关系。

最后，只要有可能，学生需要承担为自己设定目标的责任。如果大部分的目标设定由教师来完成（例如，“我想让你……”或“我需要你……”），学生就会成为他人目标的被动接受者。学生必须经历与远大目标设定相关的决策、冒险和挑战，也必须经历复原、修正和成功。随着对学校中驱动学习的目标越来越熟悉，学生就能在重要目标的设定上表现得更有能力。

**相关原理：**评估目的

**主题：**自我和同伴评估

## 我能为年幼的学生设定目标吗？

年幼的学生（3~6 岁）和年长的学生一样，每天都会根据个人目标做出决定，不同的是他们在学校环境中表达这些目标的能力。不过需要明确的是，年龄较大的学生（6 岁以上）也会觉得这很有挑战性。年幼的学生需要时间来适应课堂环境中新的规则和指南。在课堂上，他们的目标往往不再仅仅反映身体或情感需求。相反，上学意味着学会设定指向于智力和社会性发展的不同目标。

考虑到年幼的学生正处于发展之中，要培养其自我评估的能力，就必须帮助他们学习和练习更具体的技能或子技能，从而获得更多、更复杂的自我评估技能。例如，教师可能需要花时间找出有助于年幼的学生认识并描述所处环境的方法。或者，教师可以着重教授如何比较两个事物，分析它们的相同点和不同点。学生也需要时间练习如何从别人而不是自己的视角来看待事件，并着手发现和练习时想象不同的可能性。这些类型的技能有助于增强更多的自我评估技能（White，2017）。

要培养强大的自我评估者和目标设定者，一个好方法是在学习正在发生时聚焦于捕捉或记录学习。这可能意味着需要拍摄照片或视频，或保存草稿并进行“头脑风暴”。当年幼的学生正在学习时，运用记录来让学习可见，教师可以帮助学生注意到自己正在做出的决定，并在目标没有实现时考虑调整行动。这有助于让学生明白，学习就是思考事情如何发展的并确定决策是否支持了目标。

**相关原理：** 精准解释

**主题：** 早期学习，自我和同伴评估

## 自我调节

### 什么是自我调节，怎样才能识别它？

自我调节涉及学生用以控制自己学习的一系列过程、思维方式和技能。学生如果能自我调节，就可能采取聚焦于以下三个问题的行动：（1）我现在在什么位置？（2）我要到什么位置？（3）我能做些什么来缩小我当前位置和目标位置之间的差距？

虽然一个自我调节的课堂似乎是令人向往的，但教师必须预见到，赋予学生过多的权利可能会导致组织混乱、对现状的挑战以及学生在学习过程中随心所欲的愿望。自我调节的方向是正确的，但在最高和最综合的实施水平上，它要求教师放弃一些控制权，不要一味地强调学生顺从。

**相关原理：** 希望、效能感与成就

**主题：** 成长型思维，学生参与及动机

## 如何教授自我调节？

幸运的是，自我调节的过程，大脑本能的学习冲动，学生控制个人目标和愿望的内在动力，这三者是自然联系在一起的。遗憾的是，虽然自我调节的基本前提是直觉上的，但实现愿望所需的技能却不是，因此必须教授学生学会自我调节。

人们已经尝试了许多方法来教授自我调节：使用目标设定表，创建数据追踪表，激活同伴和自我评估和反馈，整合自我反思以及教授成长型思维。虽然以上都是影响自我调节教学的因素，但仅靠它们本身是不够的。首先，它们只是工具，且需要用法指导，而不仅是评估后的应用。教师要教学生明白以下几点：（1）如何最好地使用每种工具；（2）如何使之符合自我调节的整个工具系统；（3）成功应用后的最终目标是什么。其次，也是更重要的，决定这些工具能否如期望那样起作用的是这些活动是在什么样的系统和文化中开展的。例如，如果没有初始的数据基础，如果学生会因为成绩单上的早期失败而失去达到掌握程度的机会，那么要求学生设定目标就等同于漫无目的地强加给他们一些额外的工作。

**相关原理：** 希望、效能感与成就

**主题：** 成长型思维，学生参与及动机

## 如何帮助学生知道他们何时达到了标准？

最好的评估证据能够非常清楚地显示所要评估的标准是什么，清楚地说明学生在被评的标准上的掌握程度。有多种方法可以指导学生监控和反思自己何时达到了标准。

1. 为学生提供一份标准、结果或能力的清单。清单要包括学生达到学习目标时需要满足的质量或指标。让学生按照清单记录自己的作业和评估，这样他们就可以看到有多少证据表明自己熟练掌握了这个标准。学生可以记录学习，并借助学习证据来追踪自己在标准上的进步。

2. 确保每次评估都将标准和学习目标呈现在评估工具上。这意味着评估工具需要一个封面或封底（cover page or a back page），来说明哪些试题评估了哪些标准或学习目标。如果教师采用评价量规，那么它们应该清楚地描述每个水平的学习质量，以便学生了解自己在达到掌握程度的过程中所处的位置。

3. 引导学生使用这些工具反思评估结果。每一次评估都应该包括一些反思，以让学生了解自己在达到标准的过程中的状况。然后，学生可以根据自己从评估证据中收集的信息来设定目标，做出决定。促进学习投入的是反思和决策的过程，而不是仅仅遵从规定或完成作业。

**相关原理：** 评估架构

**主题：** 评估设计，自我和同伴评估

## 远程学习环境中的学生投入

教师依赖学生的投入来实现远程学习，这种说法一点儿也不夸张。如果学生对学习目标、需要掌握的过程和技术以及与教师的关系没有投入，远程学习将很快就会失去成效。正因如此，教师必须考虑如何在计划开始时就培养学生投入。

强大的评估系统旨在让学生自己做出决定、反思进步、选择对个人有重要意义的产品和表现、给予和接受反馈并成为学习中的真正伙伴。在努力提高学生在远程学习环境中的投入时，考虑以下几点可能会有所帮助：

1. 与家庭和学生合作，确保评估系统透明，聚焦于成长，围绕明确的目标和成功指标；伙伴关系是关键。

2. 邀请学生共同构建指标并设定具有个人意义的短期目标；提供范例可以帮助学生将产品和表现具象化。提供未达到掌握程度的学习样本也可以作为关于高质量作业特征对话的一个切入点。

3. 让学生监控自己的个人进步；使用少量但一致的评估工具（评价量规、指标检核表）会有所帮助，这些工具可以捕捉所要学习的关键技能，并多次加以运用，这样学生就可以清楚地看到自己的成长。

4. 使用少量关键的数字化流程（如嵌入式书面评估、口头评估、会议）提供反馈；给学生时间以改进产品和表现。确保反馈既注重优势，又具有可操作性。

5. 保存学习过程中的作业升级更替，并邀请学生反思所做的决定与在目标上进步的联系；档案袋是确保这种进步可见的一种好方法。

6. 让学生经常进行自我评估，运用透明的共同构建的成功指标来设定目标，反思与优势和需求相关的决策；使用熟悉的流程和模板会有所帮助，这能让学生快速建立信心。

7. 将错误视为有成效的失败，关键是要设计出形成性评估，不仅要确定学生是否犯了错误，而且要明确犯错误的原因。通过这种方式，学生可以学习如何驾驭困难或具有挑战性的概念。通过有针对性的指导，拓展学生的策略工具。

8. 确保掌握程度始终是可以达到的；如果没有证明达到掌握程度的机会，动力也就随之消失了。远程学习环境可以灵活的方式寻找额外证据，这是它的一个优势。学生可以成为决策过程的参与者，教师可以与他们一起设定最后期限，监控成功，并解决需求。

9. 建立双向沟通。这意味着要求学生给出反馈，说明评估花了多长时间，哪些方面特别具有挑战性或过于简单。这也意味着教师要深入了解学习和评估与家庭期望的融合程度。当学生不直接面对教师时，就必须找到搜集对于学生成功至关重要的信息的方法。

# 术语表

**匹配**（Alignment）：评估与学业标准中描述的学习期望相匹配的程度。如果两者匹配，评估人员可以从评估结果中准确推断出学生当前相对于学习期望的知识、技能水平。总体匹配涉及五个指标。

1. 绝对一致性（Categorical Concurrence）——在标准和评估中出现的内容类别的同一性或一致性程度。

2. 知识深度一致性（Depth-of-Knowledge Consistency）——任务的认知复杂性水平与标准要求的水平相匹配的程度。

3. 知识范围对应性（Range-of-Knowledge Correspondence）——评估在多大程度上引出学生的知识范围，这些知识是学生正确回答旨在测量学习结果的问题、指令或任务所必需的。

4. 代表性的平衡（Balance of Representation）——在测量中对标准的所有部分有同等的关注，或者给予被评估的标准中最重要的部分以适当的强调。

5. 挑战的来源（Source of Challenge）——学生在内容知识和技能方面的准备水平与评估试题的难度水平之间的匹配，且后者与标准的期望相匹配。

**评估**（Assessment）：收集有关学生的信息，以支持就学生的进步和发展做出决策的过程。

**评估素养**（Assessment literacy）：对可靠的评估实践原则及其在课堂、学校或学区的有效应用的认识和理解。

**评估地图**（Assessment map）：关于教学进程中正式和非正式评估的时间安排及用途的计划；关于形成性和总结性地运用评估证据的计划。

**真实性评估**（Authentic assessment）：所有模拟真实世界情境的评估，在这个情境中，预期的学习将被应用。

**平衡的评估系统**（Balanced assessment system）：为形成性和总结性的目的而有策略地运用评估证据。平衡并不意味着对等；相反，它意味着评估的两个目的都被有策略地安排，以改善和证明学习。

**钟形曲线**（Bell curve）：频率分布统计，形状像钟的正态分布。

**基准设定**（Benchmarking）：在一个单元、评分时段、学期、学年或整个教育情境中，以越来越复杂的间隔为实施比较而运用已确定的指标。

**集中趋势**（Central tendency）：这些指标表示数据分布的中间值或中心位置（即平均数、中位数和众数）。

**共同评估**（Common assessment）：由多位教师（通常是一个团队）开发的评估，旨在评估特定群组中的所有学生；评估在所学科目中相同的内容、技能或能力的评估工具。

**信誉**（Credibility）：基于研究的实施方式，研究人员证明研究对象被准确识别和描述的能力。

**标准参照解释**（Criterion-referenced interpretations）：对学生在评估中的表现的解释参照一套预先建立的指标，而不是参照他们在群体中的相对位置。

**数据**（Data）：记录下来的评估信息，通常以数字或文本形式（定量或定性）呈现。

**离差**（Deviation）：在每组数据中，均值与特定数据点之间的距离。

**分布**（Distribution）：特定变量的数值分布的范围。

**基本学习**（Essential learning）：要达到熟练程度，学生必须接受的学习目标、标准或结果，这些是由教师团队确定的。

**评价**（Evaluation）：对学生学习的价值或优点进行系统的调查和确定；运用评估的信息对学生的技能或理解能力做出判断。

**评价标准**（Evaluation standard）：从事评价专业实践的人员共同认定的原则，这些标准一旦达成，就能提高评价的质量和公平性。

**外部效度**（External validity）：研究结果可推广或可迁移的程度。参见效度。

**形成性评估 / 评价**（Formative assessment/evaluation）：在学习过程中实施的评估，旨在通过描述性反馈来促进学生表现的增值和改进或项目（包括教学实践）的改进。

**所承诺的可行的课程**（guaranteed and viable curriculum，GVC）：对所有学生完全开放的课程，有严格的期望，且基于标准，通常包括对于学生熟练掌握该年级或科目非常重要的优先标准。

**教学灵活性**（Instructional agility）：根据新出现的评估证据实时调整教学的能力。

**内部一致性**（Internal consistency）：所有问题或试题是否评估了相同特征、技能或质量。

**评分者信度**（Inter-rater reliability）：两个或两个以上的人一致的程度，涉及评分系统实施上的一致性。

**学习进阶**（Learning progression）：学习进阶描述了学生在一个标准或一组标准上达到掌握程度的路径。当学生从最简单的概念转向最复杂的概念（即标准）时，学习进阶可用于支持教学和提供潜在的反馈。

**平均数**（Mean）：一个数据分布中的平均分。

**测量**（Measurement）：按规定的规则为表现赋值或确定类别的过程。

**中位数**（Median）：一个数据分布中的中间值。

**元评价**（Meta-evaluation）：对评价实践进行全面的评价；对评价的评价。

**众数**（Mode）：在一个数据分布中出现得最多的数据。

**常模参照的解释**（Norm-referenced interpretations）：基于与一个明确界定的学生群体（常模群体）表现的比较，来解释学生在评估中的表现。

**前评估**（Preassessment）：在有目的的教学之前运用的所有评估；这种评估通常会揭示当前学生的优势和需要加强的领域，但也可以用来激发对接下来的学习的好奇心，或者引出学生可能带入新学习单元的经验或先入为主的观念。

**能力量表**（Proficiency scale）：一种正式的量表，用来衡量学生在学习进阶上的表现水平。

**定性信息**（Qualitative information）：以叙述形式呈现或总结的信息，如对一种行为或产品的书面描述。

**定量信息**（Quantitative information）：以数字形式呈现或总结的信息，如纸笔测试的分数或五分制分析量表的分数。

**范围**（Range）：分数分布中最高分与最低分之差。

**重评**（Reassessment）：一种对相同学习目标进行评价的评估；学习目标和评估方法保持不变，但评估试题或形式可以改变。

**信度**（Reliability）：一种措施、程序或仪器在重复试验中产生相同结果的程度。

**干预反应**（Response to intervention，RTI）：一个多层级的、主动驱动的支持系统，在最初的干预几乎没有影响的情况下，通过逐步加强的干预来解决学生的学业需求。

**严格性**（Rigor）：一个任务、指令或作业以新的和复杂的方式挑战学生思维的程度。

**评价量规**（Rubric）：一个评价量规按具体的指标描述了学生表现或产品的质量水平度，它反映了所涉及的标准的严格性和全面性的适当水平，可用于支持反馈和评定。

**样本**（Sample）：一项特定研究中被调查的人群。通常，一个样本人群的选择要适当地代表研究结果将要推广到的人群。在使用推理统计来分析结果，或者旨在进行推广的研究中，样本量是至关重要的——通常样本量越大，对总体的代表性就越高。样本也可以指学生思考特定对象的表征。例如，“学生的思维样本证明了其对相关标准的掌握”。

**支架**（Scaffold）：学生在学习进阶上前进时的过程，教师基于先前的知识，逐步推进新的更复杂的学习。

**稳定性信度**（Stability reliability）：测量工具在不同时间上的一致性。

**标准**（Standard）：一个学习目标，指的是学生在某一年级或某一学科中应该知道、理解或能够做的事。

**标准差**（Standard deviation）：用于统计分析的术语，用以测量变动性，表示分布的分数与平均数之间的典型距离；用给定分布中平方偏差平均数的平方根来确定；可以用来表示当数据的分布与正态曲线非常吻合时，在特定量值范围内数据所占的比例。

**基于标准的评分**（Standards-based grading）：根据确定的课程标准进行评估，分数完全取决于学生提供的证据的质量。

**总结性评估/评价**（Summative assessment/ evaluation）：用以对学生表现的优点或价值提供结论的评价。

**目标**（Target）：课程标准的基础，既可以服务于日常学习，也可以作为学习进阶支架中的一个步骤。

**传统评估**（Traditional assessment）：通常是由学生个体在规定时间段内完成的纸笔评估（如考试和测验）。

**可迁移性**（Transferability）：某个情境中研究结果应用到另一个类似情境中的能力；此外，也指一项研究在多大程度上能让读者将研究内容与自己的经历联系起来。

**三角验证**（Triangulation）：在一项研究中使用多种研究方法

或运用多种评估方法来确定熟练程度。整合了调查、访谈和观察的研究就是三角验证的一个例子。课堂上的一个例子是基于观察、对话和作品来评估学生的掌握程度。

**效度**（Validity）：一项研究准确地反映或评估研究者所想测量的特定概念的程度。一种方法虽然是可靠的，能一致地测量同样的东西，却可能会无效。

**方差**（Variance）：对分数分布中变异的量度，用平方偏差的平均数来确定。

**变异**（Variation）：数据相对于平均值的离散程度。

# 参考文献与资源[1]

Allen, J. D., & Dai, Y. (2016, April). *A comparative analysis using reciprocal questioning with college students in China and the United States.* Paper presented at the annual meeting of the American Educational Research Association, Washington, DC.

Andrade, H. L. (2010). *Students as the definitive source of formative assessment: Academic self-assessment and the self-regulation of learning.* In H. L. Andrade & G. J. Cizek (Eds.), Handbook of formative assessment (pp. 90–105). New York: Routledge.

Andrade, H. L. (2013).Classroom assessment in the context of learning theory and research. In J. H. McMillan (Ed.), *SAGE handbook of research on classroom assessment* (pp. 17–34). Thousand Oaks, CA: SAGE.

Andrade, H. L., & Du, Y. (2005). Student perspectives on rubric-referenced assessment. *Practical Assessment, Research and Evaluation*, *10* (*3*), 1–11.

Andrade, H. L., Du, Y., & Mycek, K. (2010). Rubric-referenced self-assessment and middle school students' writing. *Assessment in Education: Principles, Policy, & Practice*, *17* (*2*), 199–214.

① 本书参考文献与资源自英文版图书中直接复制，以便读者查阅。

Andrade, H. L., Du, Y., & Wang, X. (2008). Putting rubrics to the test: The effect of a model, criteria generation, and rubric-referenced self-assessment on elementary school students' writing. *Educational Measurement: Issues and Practice*, *27* (*2*), 3–13.

Applebee, A. N., Langer, J. A., Nystrand, M., & Gamoran, A. (2003). Discussion-based approaches to developing understanding: Classroom instruction and student performance in middle and high school English. *American Educational Research Journal*, *40* (*3*), 685–730.

Bailey, K., & Jakicic, C. (2012). *Common formative assessment: A toolkit for Professional Learning Communities at Work.* Bloomington, IN: Solution Tree Press.

Bailey, K., & Jakicic, C. (2017). *Simplifying common assessment: A guide for Professional Learning Communities at Work.* Bloomington, IN: Solution Tree Press.

Bailey, K., Jakicic, C., & Spiller, J. (2014). *Collaborating for success with the common core: A toolkit for Professional Learning Communities at Work.* Bloomington, IN: Solution Tree Press.

Bennett, S., & Kalish, N. (2006). *The case against homework: How homework is hurting our children and what we can do about it.* New York: Crown.

Berger, W. (2014) .*A more beautiful question: The power of inquiry to spark breakthrough ideas.* New York: Bloomsbury.

Black, P. (2013). Formative and summative aspects of assessment: Theoretical and research foundations in the context of pedagogy. In J. H. McMillan (Ed.), *SAGE handbook of research on classroom assessment* (pp. 167–178). Thousand Oaks, CA: SAGE.

Black, P., Broadfoot, P., Daugherty, R., Gardner, J., Harlen, W., James, M., et al. (2002).

*Testing, motivation and learning* [Pamphlet]. Cambridge, England: University of Cambridge Faculty of Education.

Black, P., & Wiliam, D. (1998a). Assessment and classroom learning. *Assessment in Education: Principles, Policy and Practice*, *5* (*1*), 7–74.

Black, P., & Wiliam, D. (1998b). Inside the black box: Raising standards through classroom assessment. *Phi Delta Kappan*, *80* (2), 139–144, 146–148.

Black, P., & Wiliam, D. (2005). Changing teaching through formative assessment: Research and practice—the King's-Medway-Oxfordshire formative assessment project. In *Formative assessment: Improving learning in secondary classrooms* (pp. 223–240). Paris: Organisation for Economic Co-operation and Development.

Bloom, B. (1956). *Taxonomy of educational objectives, handbook I: The cognitive domain.* New York: David McKay Co Inc.

Bonner, S. M. (2013). Validity in classroom assessment: Purposes, properties, and principles. In J. H. McMillan (Ed.), *SAGE handbook of research on classroom assessment* (pp. 87–106). Thousand Oaks, CA: SAGE.

Bowers, A. J. (2019). Report card grades and educational outcomes. In T. R.Guskey & S. M. Brookhart (Eds.), *What we know about grading: What works, what doesn't, and what's next* (pp. 32–56). Alexandria, VA: Association for Supervision and Curriculum Development.

Brookhart, S. (2007). Expanding views about formative classroom assessment: A review of the literature. In J. H. McMillan (Ed.), *Formative classroom assessment: Theory into practice* (pp. 43–62). New York: Teachers College Press.

Brookhart, S. M. (2001). Successful students' formative and summative uses of assessment information.*Assessment in Education: Principles, Policy & Practice*, *8* (2), 153–169.

Brookhart, S. M. (2013a). Classroom assessment in the context of motivation theory and research. In J. H. McMillan (Ed.), *SAGE handbook of research on classroom assessment* (pp. 35–54). Thousand Oaks, CA: SAGE.

Brookhart, S. M. (2013b). Grading. In J. H. McMillan (Ed.), *SAGE handbook of research on classroom assessment* ( pp. 257–271 ) . Thousand Oaks, CA: SAGE.

Brookhart, S. M., Andolina, M., Zuza, M., & Furman, R. ( 2004 ) . Minute math: An action research study of student self–assessment. *Educational Studies in Mathematics*, *57* ( *2* ), 213–227.

Brookhart, S. M., Guskey, T. R., Bowers, A. J., McMillan, J. H., Smith, J. K., Smith, L. F., Stevens, M. T., & Welsh, M. E. ( 2016 ) . A century of grading research: Meaning and value in the most common educational measure. *Review of Educational Research*, *86* ( *4* ), 803–848.

Brown, G. T. L., & Harris, L. R. ( 2013 ) . Student self–assessment. In J. H. McMillan ( Ed. ), *SAGE handbook of research on classroom assessment* ( pp. 367–394 ) . Thousand Oaks, CA: SAGE.

Brown, N. J. S., & Wilson, M. ( 2011 ) . A model of cognition: The missing cornerstone of assessment. *Educational Psychology Review*, *23* ( *2* ), 221–234.

Bryant, D. A., & Carless, D. ( 2010 ) . Peer assessment in a test–dominated setting: Empowering, boring or facilitating examination preparation ? *Educational Research for Policy and Practice*, *9* ( *1* ), 3–15.

Buffum, A., Mattos, M., & Malone, J. ( 2018 ) . *Taking action: A handbook for RTI at Work.* Bloomington, IN: Solution Tree Press.

Butler, D. L., & Winne, P. H. ( 1995 ) . Feedback and self–regulated learning: A theoretical synthesis. *Review of Educational Research*, *65* ( *3* ), 245–281.

Butler, R. ( 1987 ) . Task–involving and ego–involving properties of evaluation: Effects of different feedback conditions on motivational perceptions, interest, and performance. *Journal of Educational Psychology*, *79* ( *4* ), 474–482.

Butler, R. ( 1988 ) . Enhancing and undermining intrinsic motivation: The effects oftaskinvolving and ego–involving evaluation on interest and performance. *British Journal of Educational Psychology*, *58* ( *1* ), 1–14.

Calder ó n, M. ( 2007 ) . *Teaching reading to English language learners*, *grades 6–12: A framework for improvement achievement in the content areas.* Thousand Oaks, CA: Corwin Press.

Calderón, M. (2012). Why we need a new way of schooling language-minority children. In Calderón, M. (Ed.), *Breaking through: Effective instruction and assessment for reaching English learners* (pp. 7–26). Bloomington, IN: Solution Tree Press.

Campbell, C. (2013). Research on teacher competency in classroom assessment. In J. H. McMillan (Ed.), *SAGE handbook of research on classroom assessment* (pp. 71–84). Thousand Oaks, CA: SAGE.

Campbell, C., & Collins, V. L. (2007). Identifying essential topics in general and special education introductory assessment textbooks. *Educational Measurement: Issues and Practice, 26* (*1*), 9–18.

Cazden, C. B. (2001). *Classroom discourse: The language of teaching and learning* (*2nd ed.*). Portsmouth, NH: Heinemann.

Chappuis, J. (2015). *Seven strategies of assessment for learning* (*2nd ed.*). Boston: Pearson.

Chappuis, J., Stiggins, R. J., Chappuis, S., & Arter, J. A. (2012). *Classroom assessment for student learning: Doing it right—using it well* (*2nd ed.*). Boston: Pearson.

Chappuis, S., Chappuis, J., & Stiggins, R. (2009). Supporting teacher learning teams. *Educational Leadership, 66* (*5*), 56–60.

Charteris, J., & Smardon, D. (2015). Teacher agency and dialogic feedback: Using classroom data for practitioner inquiry. *Teaching and Teacher Education, 50*, 114–123.

Chenoweth, K. (2007). *It's being done: Academic success in unexpected schools.* Cambridge, MA: Harvard Education Press.

Chenoweth, K. (2009a). *How it's being done: Urgent lessons from unexpected schools.* Cambridge, MA: Harvard Education Press.

Chenoweth, K. (2009b). It can be done, it's being done, and here's how. *Phi Delta Kappan*, *91* (*1*), 38–43.

Chin, C. (2007). Teacher questioning in science classrooms: Approaches that stimulate productive thinking. *Journal of Research in Science Teaching*, *44* (*6*), 815–843.

Clark, I. (2011). Formative assessment: Policy, perspectives and practice. *Florida Journal of Educational Administration and Policy*, *4* (*2*), 158–180.

Clarke, S. (2005). *Formative assessment in action: Weaving the elements together.* London: Hodder Education.

Clarke, S. (2008). *Active learning through formative assessment.* London: Hodder Education.

Cooper, H., Robinson, J. C., & Patall, E. A. (2006). Does homework improve academic achievement? A synthesis of research, 1987–2003. *Review of Educational Research*, *76* (*1*), 1–62.

Corcoran, T., Mosher, F. A., & Rogat, A. (2009). *Learning progressions in science: An evidencebased approach to reform.* Philadelphia: Consortium for Policy Research in Education.

Darling-Hammond, L. (2010). *The flat world and education: How America's commitment to equity will determine our future.* New York: Teachers College Press.

Daro, P., Mosher, F. A., & Corcoran, T. (2011). *Learning trajectories in mathematics: A foundation for standards, curriculum, assessment, and instruction* [*Research report*]. Philadelphia: Consortium for Policy Research in Education.

Davies, A. (2007). Involving students in the classroom assessment process. In D. Reeves (Ed.), *Ahead of the curve: The power of assessment to transform teaching and learning* (pp. 31–57). Bloomington, IN: Solution Tree Press.

Davies, A. (2011). *Making classroom assessment work* (*3rd ed.*). Bloomington, IN: Solution Tree Press.

Depka, E. (2015). *Bringing homework into focus: Tools and tips to enhance practices, design, and feedback.* Bloomington, IN: Solution Tree Press.

Depka, E. (2017). *Raising the rigor: Effective questioning strategies and techniques for the classroom.* Bloomington, IN: Solution Tree Press.

Dimich, N. (2009). Inspiring and requiring action. In T. Guskey (Ed.), *The teacher as assessment leader* (pp. 203–226). Bloomington, IN: Solution Tree Press.

Dimich, N. (2015). *Design in five: Essential phases to create engaging assessment practice.* Bloomington, IN: Solution Tree Press.

Dörnyei, Z. (2001). *Teaching and researching motivation.* New York: Longman.

Dougherty, E. (2012). *Assignments matter: Making the connections that help students meet standards.* Alexandria, VA: Association for Supervision and Curriculum Development.

DuFour, R. (2015). *In praise of American educators: And how they can become even better.* Bloomington, IN: Solution Tree Press.

DuFour, R., & DuFour, R. (2015). Deeper learning for students requires deeper learning for educators. In J. Bellanca (Ed.), *Deeper learning: Beyond 21st century skills* (pp. 21–52). Bloomington, IN: Solution Tree Press.

DuFour, R., DuFour, R., & Eaker, R. (2008). *Revisiting Professional Learning Communities at Work: New insights for improving schools.* Bloomington, IN: Solution Tree Press.

DuFour, R., DuFour, R., Eaker, R., Many, T. W., & Mattos, M. (2016). *Learning by doing: A handbook for Professional Learning Communities at Work (3rd ed.)*. Bloomington, IN: Solution Tree Press.

DuFour, R., Reeves, D., & DuFour, R. (2018). *Responding to the Every Student Succeeds Act with the PLC at Work process.* Bloomington, IN: Solution Tree Press.

Dunning, D., Heath, C., & Suls, J. M. (2004). Flawed self-assessment: Implications for health, education, and the workplace. *Psychological Science in the Public Interest*, *5* (*3*), 69–106.

Dweck, C. ( 2006 ) . *Mindset: The new psychology of success.* New York: Random House.

Educational Testing Service. ( 2012 ) .*The CBAL English language arts ( ELA ) competency model and provisional learning progressions.* Accessed at www.ets.org/cbal/ela on July 14, 2016.

Eren, O., & Henderson, D. J. ( 2008 ) . The impact of homework on student achievement. *The Econometrics Journal, 11* ( *2* ), 326–348.

Ericsson, K. A., Krampe, R. T., & Tesch–Römer, C. ( 1993 ) . The role of deliberate practice in the acquisition of expert performance. *Psychological Review, 100* ( *3* ), 363–406.

Erkens, C. ( 2016 ) . *Collaborative common assessments: Teamwork. Instruction. Results.* Bloomington, IN: Solution Tree Press.

Erkens, C. ( 2019 ) . *The handbook for collaborative common assessments: Tools for design, delivery, and data analysis.* Bloomington, IN: Solution Tree Press.

Erkens, C., Schimmer, T., & Dimich, N. ( 2017 ) . *Essential assessment: Six tenets for bringing hope, efficacy, and achievement to the classroom.* Bloomington, IN: Solution Tree Press.

Erkens, C., Schimmer, T., & Dimich, N. ( 2018 ) . *Instructional agility: Responding to assessment with real–time decisions.* Bloomington, IN: Solution Tree Press.

Erkens, C., Schimmer, T., & Dimich, N. ( 2019 ) . *Growing tomorrow' s citizens in today' s classrooms: Assessing 7 critical competencies.* Bloomington, IN: Solution Tree Press.

Erkens, C., & Twadell, E. ( 2012 ) . *Leading by design: An action framework for PLC at Work leaders.* Bloomington, IN: Solution Tree Press. Every Student Succeeds Act of 2015, Pub. L. No. 114–95, 20 U.S.C. § 1177 ( 2015 ) .

Finn, J. D., & Zimmer, K. S. ( 2012 ) . Student engagement: What is it ? Why does it matter ? In S. L. Christenson, A. L. Reschly, & C. Wylie ( Eds. ),

*Handbook of research on student engagement* ( pp. 97–131 ) . New York: Springer.

Fisher, D., & Frey, N. ( 2007 ) . *Checking for understanding: Formative assessment techniques for your classroom.* Alexandria, VA: Association for Supervision and Curriculum Development.

Fisher, D., & Frey, N. ( 2010 ) . *Guided instruction: How to develop confident and successful learners.* Alexandria, VA: Association for Supervision and Curriculum Development.

Fisher, D., & Frey, N. ( 2012 ) . Making time for feedback. *Educational Leadership*, *70* ( *1* ), 42–47.

Fisher, D., & Frey, N. ( 2015 ) . *Unstoppable learning: Seven essential elements to unleash student potential.* Bloomington, IN: Solution Tree Press.

Fisher, D., Frey, N., & Pumpian, I. ( 2012 ) . *How to create a culture of achievement in your school and classroom.* Alexandria, VA: Association for Supervision and Curriculum Development.

Francis, E. M. ( 2022 ) . *Deconstructing depth of knowledge: A method and model for deeper teaching and learning.* Bloomington, IN: Solution Tree Press.

Fuchs, L. S., & Fuchs, D. ( 1986 ) . Effects of systematic formative evaluation: A meta–analysis. *Exceptional Children*, *53* ( *3* ), 199–208.

Gawande, A. ( 2010 ) . *The checklist manifesto: How to get things right.* New York: Metropolitan Books.

Gay, G. ( 2002 ) . Preparing for culturally responsive teaching. *Journal of Teacher Education*, *53* ( 2 ), 106–116.

Gay, G. ( 2010 ) . *Culturally responsive teaching: Theory, research, and practice* ( *2nd ed.* ) . New York: Teachers College Press.

Gill, B. P., & Schlossman, S. ( 2004 ) . Villain or savior ? The American discourse on homework, 1850–2003. *Theory Into Practice*, *43* ( *3* ), 174–181.

Ginsburg, H. P. ( 2009 ) . The challenge of formative assessment in mathematics education: Children' s minds, teachers' minds. *Human Development*, *52* ( 2 ), 109–128.

Gladwell, M. (2008). *Outliers: The story of success.* New York: Little, Brown.

Gobble, T., Onuscheck, M., Reibel, A. R., & Twadell, E. (2016). *Proficiency-based assessment: Process, not product.* Bloomington, IN: Solution Tree Press.

Gobble, T., Onuscheck, M., Reibel, A. R., & Twadell, E. (2017). *Pathways to proficiency: Implementing evidence-based grading.* Bloomington, IN: Solution Tree Press.

The Gordon Commission on the Future of Assessment in Education. (2013). *To assess, to teach, to learn: A vision for the future of assessment* [*Technical report*]. Princeton, NJ: Author.

Gordon, E. (2008). The transformation of key beliefs that have guided a century of assessment. In C. A. Dwyer (Ed.), *The future of assessment: Shaping teaching and learning* (pp. 3–6). New York: Erlbaum.

Gregory, K., Cameron, C., & Davies, A. (2011). *Setting and using criteria* (*2nd ed.*). Bloomington, IN: Solution Tree Press.

Guskey, T. (2005, April). *Formative classroom assessment and Benjamin S. Bloom: Theory, research, and implications.* Paper presented at the annual meeting of the American Educational Research Association, Montreal, Canada.

Guskey, T. R. (2007). Using assessments to improve teaching and learning. In D. Reeves (Ed.), *Ahead of the curve: The power of assessment to transform teaching and learning* (pp. 15–30). Bloomington, IN: Solution Tree Press.

Guskey, T. R. (2011). Five obstacles to grading reform. *Educational Leadership*, *69* (*3*), 16–21.

Guskey, T. R. (2015). *On your mark: Challenging the conventions of grading and reporting.* Bloomington, IN: Solution Tree Press.

Guskey, T. R. (2020). *Get set, go! Creating successful grading and reporting systems.* Bloomington, IN: Solution Tree Press.

Guskey, T. R., & Bailey, J. M. (2010). *Developing standards-based report cards.* Thousand Oaks, CA: Corwin.

Hambrick, D. Z., Oswald, F. L., Altmann, E. M., Meinz, E. J., Gobet, F., & Campitelli, G. (2014). Deliberate practice: Is that all it takes to become an expert? *Intelligence*, *45*, 34–45.

Hargreaves, A., & Fullan, M. (2012). *Professional capital: Transforming teaching in every school.* New York: Teachers College Press.

Harward, S. V., Allred, R. A., & Sudweeks, R. R. (1994). The effectiveness of four self corrected spelling test methods. *Reading Psychology*, *15* (*4*), 245–271.

Hattie, J. (2009). *Visible learning: A synthesis of over 800 meta–analyses relating to achievement.* New York: Routledge.

Hattie, J. (2012). *Visible learning for teachers: Maximizing impact on learning.* New York: Routledge.

Hattie, J., & Timperley, H. (2007). The power of feedback. *Review of Educational Research*, *77* (*1*), 81–112.

Hattie, J., & Yates, G. C. R. (2014). *Visible learning and the science of how we learn.* New York: Routledge.

Heemsoth, T., & Heinze, A. (2014). The impact of incorrect examples on learning fractions: A field experiment with 6th grade students. *Instructional Science*, *42* (*4*), 639–657.

Heflebower, T., Hoegh, J. K., & Warrick, P. B. (2014). *A school leader' s guide to standardsbased grading.* Bloomington, IN: Marzano Resources.

Henderson, A., & Mapp, K. (2002). *A new wave of evidence: The impact of school, family, and community connections on student achievement.* Austin, TX: Southwest Educational Development Laboratory.

Herbst, S., & Davies, A. (2014). *A fresh look at grading and reporting in high schools.* Bloomington, IN: Solution Tree Press.

Heritage, M. (2007). Formative assessment: What do teachers need to know and do? *Phi Delta Kappan*, *89* (*2*), 140–145.

Heritage, M. (2008). *Learning progressions: Supporting instruction and formative assessment.* Washington, DC: Council of Chief State School Officers.

Heritage, M. (2010a). *Formative assessment: Making it happen in the classroom.* Thousand Oaks, CA: Corwin Press.

Heritage, M. (2010b). *Formative assessment and next-generation assessment systems: Are we losing an opportunity?* Washington, DC: Council of Chief State School Officers.

Heritage, M. (2013). Gathering evidence of student understanding. In J. H. McMillan (Ed.), *SAGE handbook of research on classroom assessment* (pp. 179–196). Thousand Oaks, CA: SAGE.

Heritage, M. (2016, April). *The use of formative assessment results to educate all in diverse democracies: Research results from four different countries.* Paper presented at the annual meeting of the American Educational Research Association, Washington, DC.

Hierck, T., & Freese, A. (2018). *Assessing unstoppable learning.* Bloomington, IN: Solution Tree Press.

Hogan, T. (2013). Constructed-response approaches for classroom assessment. In J. H. McMillan (Ed.), *SAGE handbook of research on classroom assessment* (pp. 275–292). Thousand Oaks, CA: SAGE.

Holme, J. J., Richards, M. P., Jimerson, J. B., & Cohen, R. W. (2010). Assessing the effects of high school exit examinations. *Review of Educational Research, 80* (*4*), 476–526.

Horn, M. B., & Staker, H. (2015). *Blended: Using disruptive innovation to improve schools.* San Francisco: Jossey-Bass.

Jones, S., & Vagle, M. D. (2013). Living contradictions and working for change: Toward a theory of social class-sensitive pedagogy. *Educational Researcher, 42* (*3*), 129–141.

Jung, L. A., & Guskey, T. R. (2010). Grading exceptional learners. *Educational Leadership, 67* (*5*), 31–35.

Kane, M. T. (2006). Validation. In R. L. Brennan (Ed.), *Educational measurement* (4th ed., pp. 17–64). Westport, CT: Praeger.

Kanter, R. M. (2004). *Confidence: How winning streaks and losing streaks begin and end.* New York: Crown Business.

Kay, K., & Greenhill, V. (2013). *The leader's guide to 21st century education: 7 steps for schools and districts.* Boston: Pearson.

Keller, B. (2007). No easy project. *Education Week*, *27* (*4*), 21–23.

Kelly, S., & Price, H. (2014). Changing patterns of engagement in the transition to high school. In D. J.Shernoff & J. Bempechat (Eds.), *Engaging youth in schools: Evidencebased models to guide future innovations* (pp. 15–36). New York: NSSE Yearbooks by Teachers College Record.

King, A. (1990). Enhancing peer interaction and learning in the classroom through reciprocal questioning. *American Educational Research Journal*, *27* (*4*), 664–687.

King, A. (2002). Structuring peer interaction to promote high-level cognitive processing. *Theory Into Practice*, *41* (*1*), 33–39.

Klem, A. M., & Connell, J. P. (2004). Relationships matter: Linking teacher support to student engagement and achievement. *Journal of School Health*, *74* (*7*), 262–273.

Kluger, A., & DeNisi, A. (1996). The effects of feedback interventions on performance: A historical review, a meta-analysis, and a preliminary feedback intervention theory. *Psychological Bulletin*, *119* (*2*), 254–284.

Knight, J. (2014). *Focus on teaching: Using video for high-impact instruction.* Thousand Oaks, CA: Corwin Press.

Kohn, A. (2006). *The homework myth: Why our kids get too much of a bad thing.* Cambridge, MA: Da Capo Life Long.

Kulhavy, R. W. (1977). Feedback in written instruction. *Review of Educational Research*, *47* (*2*), 211–232.

Kulik, J. A., & Kulik, C. C. (1988). Timing of feedback and verbal learning. *Review of Educational Research*, *58* ( *1* ), 79–97.

Ladson–Billings, G. ( 2009 ) . *The dreamkeepers: Successful teachers of African American children* ( *2nd ed.* ) . San Francisco: Jossey–Bass.

Ladson–Billings, G., & Gomez, M. L. ( 2001 ) . Just showing up: Supporting early literacy through teachers' professional communities. *Phi Delta Kappan*, *82* ( *9* ), 675–680.

Lane, S. ( 2013 ) . Performance assessment. In J. H. McMillan ( Ed. ), *SAGE handbook of research on classroom assessment* ( pp. 313–329 ) . Thousand Oaks, CA: SAGE.

Lemov, D. ( 2010 ) . *Teach like a champion: 49 techniques that put students on the path to college.* San Francisco: Jossey–Bass.

Lemov, D., Woolway, E., & Yezzi, K. ( 2012 ) . *Practice perfect: 42 rules for getting better at getting better.* San Francisco: Jossey–Bass.

Levin, B. ( 2008 ) . *How to change 5000 schools: A practical and positive approach for leading change at every level.* Cambridge, MA: Harvard Education Press.

Marso, R. N., & Pigge, F. L. ( 1993 ) . Teachers' testing knowledge, skills, and practices. In S. L. Wise ( Ed. ), *Teacher training in measurement and assessment skills* ( pp. 129–185 ) . Lincoln, NE: Buros Institute of Mental Measurements, University of Nebraska–Lincoln.

Marzano, R. J. ( 2006 ) . *Classroom assessment and grading that work.* Alexandria, VA: Association for Supervision and Curriculum Development.

Marzano, R. J. ( 2007 ) . *The art and science of teaching: A comprehensive framework for effective instruction.* Alexandra, VA: Association for Supervision and Curriculum Development.

Marzano, R. J. ( 2010 ) . *Formative assessment and standards–based grading.* Bloomington, IN: Marzano Resources.

Marzano, R. J., & Pickering, D. J. ( 2007a ) . The case for and against homework. *Educational Leadership*, *64* ( *6* ), 74–79.

Marzano, R. J., & Pickering, D. J. (2007b). Errors and allegations: About research on homework. *Phi Delta Kappan*, *88* (*7*), 507–513.

Marzano, R. J., Pickering, D. J., & Pollock, J. E. (2001). *Classroom instruction that works: Research-based strategies for increasing student achievement.* Alexandria, VA: Association for Supervision and Curriculum Development.

McDonald, B., & Boud, D. (2003). The impact of self-assessment on achievement: The effects of self-assessment training on performance in external examinations. *Assessment in Education: Principles, Policy & Practice*, *10* (2), 209–220.

McMillan, J. H. (Ed.). (2013). *SAGE handbook of research on classroom assessment.* Thousand Oaks, CA: SAGE.

McMorris, R. F., & Boothroyd, R. A. (1993). Tests that teachers build: An analysis of classroom tests in science and mathematics. *Applied Measurement in Education*, *6* (*4*), 321–342.

Mehrabian, A. (1981). *Silent messages: Implicit communication of emotions and attitudes.* Belmont, CA: Wadsworth.

Merton, R. K. (1968). The Matthew effect in science. *Science*, *159* (*3810*), 56–63.

Moss, C. M. (2013). Research on classroom summative assessment. In J. H. McMillan (Ed.), *SAGE handbook of research on classroom assessment* (pp. 235–255). Thousand Oaks, CA: SAGE.

Moss, C. M., & Brookhart, S. M. (2012). *Learning targets: Helping students aim for understanding in today' s lesson.* Alexandria, VA: Association for Supervision and Curriculum Development.

Moss, C. M., & Brookhart, S. M. (2019). *Advancing formative assessment in every classroom: A guide for instructional leaders* (*2nd ed.*). Alexandria, VA: Association for Supervision and Curriculum Development.

Munns, G., & Woodward, H. (2006). Student engagement and student self-assessment: The REAL framework. *Assessment in Education: Principles, Policy & Practice*, *13* (2), 193-213.

National Center on Education and the Economy. (2007). *Tough choices or tough times: The report of the New Commission on the Skills of the American Workforce*. San Francisco: Wiley.

National Council for the Social Studies. (2013). *The college, career, and civic life (C3) framework for social studies state standards: Guidance for enhancing the rigor of K-12 civics, economics, geography, and history*. Silver Spring, MD: Author.

National Research Council. (2011). Assessing 21st century skills: Summary of a workshop. Washington, DC: National Academies Press.

National Research Council. (2012). *A framework for K-12 science education: Practices, crosscutting concepts, and core ideas*. Washington, DC: National Academies Press.

Natriello, G. (1987). The impact of evaluation processes on students. *Educational Psychologist*, *22* (2), 155-175.

Neuman, S., & Celano, D. (2006). The knowledge gap: Implications of leveling the playing field for low-income and middle-income children. *Reading Research Quarterly*, *41* (2), 176-201.

Newmann, F. M., Carmichael, D., & King, M. B. (2016). *Authentic intellectual work: Improving teaching for rigrorous learning*. Thousands Oaks, CA: Corwin Press.

NGSS Lead States. (2013). *Next Generation Science Standards: For states, by states*. Washington, DC: The National Academies Press.

Nieto, S., & Bode, P. (2013). School reform and student learning: A multicultural perspective. In J. A. Banks & C. A. M. Banks (Eds.), *Multicultural education: Issues and perspectives* (8th ed.; pp. 395-415). Hoboken, NJ: Wiley.

No Child Left Behind (NCLB) Act of 2001, Pub. L. No. 107-110, § 115, Stat. 1425 (2002).

Nystrand, M., & Gamoran, A. ( 1991 ) . Instructional discourse, student engagement, and literature achievement. *Research in the Teaching of English*, *25* ( *3* ), 261–290.

O' Connor, K. ( 2009 ) . *How to grade for learning*, *K–12* ( *3rd ed.* ) . Thousand Oaks, CA: Corwin Press.

O' Connor, K. ( 2011 ) . *A repair kit for grading*: *15 fixes for broken grades* ( *2nd ed.* ) . Boston: Pearson.

O' Neill, O. ( 2002 ) . *A question of trust*: *The BBC Reith Lectures 2002*. Cambridge, UK: Cambridge University Press.

Ornstein, P., Coffman, J., Grammer, J., San Souci, P., & McCall, L. ( 2010 ) . Linking the classroom context and the development of children' s memory skills. In J. L. Meece & J. S. Eccles ( Eds. ), *Handbook of research on schools*, *schooling*, *and human development* ( pp. 42–59 ) . New York: Routledge.

Parkes, J. ( 2013 ) . Reliability in classroom assessment. In J. H. McMillan ( Ed. ), *SAGE handbook of research on classroom assessment* ( pp. 107–123 ) . Thousand Oaks, CA: SAGE.

Pekrul, S., & Levin, B. ( 2007 ) . Building student voice for school improvement. In D. Thiessen & A. Cook–Sather ( Eds. ), *International handbook of student experience in elementary and secondary school* ( pp. 711–726 ) . Dordrecht, Netherlands: Springer.

Pellegrino, J., & Goldman, S. ( 2008 ) . Beyond rhetoric: Realities and complexities of integrating assessment into classroom teaching and learning. In C. A. Dwyer ( Ed. ), *The future of assessment*: *Shaping teaching and learning* ( pp. 7–52 ) . New York: Erlbaum.

Pink, D. H. ( 2009 ) . *Drive*: *The surprising truth about what motivates us*. New York: Riverhead Books.

Pintrich, P. R. ( 2000 ) . The role of goal orientation in self–regulated learning. In M. Boekaerts, P. R. Pintrich, & M. Zeidner ( Eds. ), *Handbook of self–regulation* ( pp. 451–502 ) . San Diego, CA: Academic Press.

Pintrich, P. R., & Zusho, A. (2002). The development of academic self-regulation: The role of cognitive and motivational factors. In A. Wigfield & J. S. Eccles (Eds.), *Development of achievement motivation* (pp. 249–284). San Diego, CA: Academic Press.

Popham, W. J. (2011). *Transformative assessment in action: An inside look at applying the process.* Alexandria, VA: Association for Supervision and Curriculum Development.

Ramdass, D., & Zimmerman, B. J. (2008). Effects of self-correction strategy training on middle school students' self-efficacy, self-evaluation, and mathematics division learning. *Journal of Advanced Academics*, *20* (*1*), 18–41.

Rand, K. L., & Cheavens, J. S. (2009). Hope theory. In C. R. Snyder & S. J. Lopez (Eds.), *Oxford handbook of positive psychology* (2nd ed., pp. 323–333). Oxford, UK: Oxford University Press.

Reeves, D. (Ed.). (2007). *Ahead of the curve: The power of assessment to transform teaching and learning.* Bloomington, IN: Solution Tree Press.

Reeves, D. (2016a). *Elements of grading: A guide to effective practice (2nd ed.)*. Bloomington, IN: Solution Tree Press.

Reeves, D. (2016b). *FAST grading: A guide to implementing best practices.* Bloomington, IN: Solution Tree Press.

Ritchhart, R. (2015). *Creating cultures of thinking: The 8 forces we must master to truly transform our schools.* San Francisco: Jossey–Bass.

Rodriguez, M. C., & Haladyna, T. M. (2013). Writing selected–response items for classroom assessment. In J. H. McMillan (Ed.), *SAGE handbook of research on classroom assessment* (pp. 293–311). Thousand Oaks, CA: SAGE.

Ross, J. A., Hogaboam–Gray, A., & Rolheiser, C. (2002). Student self-evaluation in grade 5–6 mathematics effects on problem–solving achievement. *Educational Assessment*, *8* (*1*), 43–58.

Rubie–Davies, C. M., Weinstein, R. S., Huang, F. L., Gregory, A., Cowan, P. A., & Cowan, C. P. (2014). Successive teacher expectation effects across the early school years. *Journal of Applied Developmental Psychology*, *35* (*3*), 181–191.

Ruiz-Primo, M. A., & Furtak, E. M. (2006). Informal formative assessment and scientific inquiry: Exploring teachers' practices and student learning. *Educational Assessment*, *11* (*3-4*), 237–263.

Ruiz-Primo, M. A., & Furtak, E. M. (2007). Exploring teachers' informal formative assessment practices and students' understanding in the context of scientific inquiry. *Journal of Research in Science Teaching*, *44* (*1*), 57–84.

Ruiz-Primo, M. A., & Li, M. (2011). *Looking into teachers' feedback practices: How teachers interpret students' work.* Paper presented at the annual meeting of the American Educational Research Association, New Orleans, LA.

Ruiz-Primo, M. A., & Li, M. (2013). Examining formative feedback in the classroom context: New research perspectives. In J. H. McMillan (Ed.), *SAGE handbook of research on classroom assessment* (pp. 215–232). Thousand Oaks, CA: SAGE.

Rumsey, C., & Langrall, C. (2016). Promoting mathematical argumentation. Teaching Children Mathematics, 22 (7), 412–419.

Saavedra, R., & Kwun, S. K. (1993). Peer evaluation in self-managing work groups. *Journal of Applied Psychology*, *78* (*3*), 450–462.

Sadler, D. R. (1989). Formative assessment and the design of instructional systems. *Instructional Science*, *18* (2), 119–144.

Schafer, W. D. (1993). Assessment literacy for teachers. *Theory Into Practice*, *32* (2), 118–126.

Scharber, C., Isaacson, K., Pyscher, T., & Lewis, C. (2016). Pathways for all: Teens, tech, and learning. In L. R. Miller, D. Becker, & K. Becker (Eds.), *Technology for transformation: Perspectives of hope in the digital age* (pp. 195–214). Charlotte, NC: Information Age.

Schimmel, B. J. (1983, April). *A meta-analysis of feedback to the learner in computerized and programmed instruction.* Paper presented at the annual meeting of the American Educational Research Association, Montreal, Canada.

Schimmer, T. (2014). *Ten things that matter from assessment to grading.* Boston: Pearson.

Schimmer, T. (2016). *Grading from the inside out: Bringing accuracy to student assessment through a standards-based mindset.* Bloomington, IN: Solution Tree Press.

Schimmer, T., Hillman, G., & Stalets, M. (2018). *Standards-based learning in action: Moving from theory to practice.* Bloomington, IN: Solution Tree Press.

Schlechty, P. C. (2009). *Leading for learning: How to transform schools into learning organizations.* San Francisco: Jossey-Bass.

Schneider, M. C., Egan, K. L., & Julian, M. W. (2013). Classroom assessment in the context of high-stakes testing. In J. H. McMillan (Ed.), *SAGE handbook of research on classroom assessment* (pp. 55-70). Thousand Oaks, CA: SAGE.

Schunk, D. H. (2005). Self-regulated learning: The educational legacy of Paul R. Pintrich. *Educational Psychologist*, *40* (2), 85-94.

Schunk, D. H., & Pajares, F. (2005). Competence perceptions and academic functioning. In A. J. Elliot & C. Dweck (Eds.), *Handbook of competence and motivation* (pp. 85-104). New York: Guilford Press.

Shavelson, R. (2007). *A brief history of student learning assessment: How we got where we are and a proposal for where to go next.* Washington, DC: Association of American Colleges and Universities.

Shavelson, R. J., Young, D. B., Ayala, C. C., Brandon, P. R., Furtak, E. M., Ruiz-Primo, M. A., et al. (2008). On the impact of curriculum-embedded formative assessment on learning: A collaboration between curriculum and assessment developers. *Applied Measurement in Education*, *21* (4), 295-314.

Shepard, L. A. (2000a). The role of assessment in a learning culture. *Educational Researcher*, *29* (7), 4-14.

Shepard, L. A. (2000b). *The role of classroom assessment in teaching and learning* (*Technical Report No. 517*). Los Angeles: University of California.

Shepard, L. A. (2013). Foreword. In J. H. McMillan (Ed.), *SAGE handbook of research on classroom assessment* (pp. xix–xxv). Thousand Oaks, CA: SAGE.

Shepard, L., Hammerness, K., Darling–Hammond, L., Rust, F., Snowden, J. B., Gordon, E., et al. (2005). Assessment. In L. Darling–Hammond & J. Bransford (Eds.), *Preparing teachers for a changing world: What teachers should learn and be able to do* (pp. 275–326). San Francisco: Jossey–Bass.

Shernoff, D. J. (2013). *Optimal learning environments to promote student engagement.* New York: Springer.

Shute, V. J. (2008). Focus on formative feedback. *Review of Educational Research*, *78* (*1*), 153–189.

Skinner, E. A., & Pitzer, J. R. (2012). Developmental dynamics of student engagement, coping, and everyday resilience. In S. L.Christenson, A. L. Reschly, & C. Wiley (Eds.), *Handbook of research on student engagement* (pp. 21–44). New York: Springer.

Slavin, R. E., Hurley, E. A., & Chamberlain, A. (2003). Cooperative learning and achievement: Theory and research. In W. M. Reynolds & G. E. Miller (Eds.), *Handbook of psychology* (Vol. 7, pp. 177–198). Hoboken, NJ: Wiley.

Solution Tree. (2018). *The handbook for embedded formative assessment.* Bloomington, IN: Solution Tree Press.

Spady, W. G. (1994). *Outcome–based education: Critical issues and answers.* Arlington, VA: American Association of School Administrators.

Starch, D., & Elliott, E. C. (1912). Reliability of the grading of high–school work in English. *The School Review*, *20* (*7*), 442–457.

Stiggins, R. (2007). Assessment through the student' s eyes. *Educational Leadership*, *64* (*8*), 22–26.

Stiggins, R. (2008). Correcting "errors of measurement" that sabotage student learning. In C. A. Dwyer ( Ed. ), *The future of assessment: Shaping teaching and learning* ( pp. 229–244 ) . New York: Erlbaum.

Stiggins, R. J. ( 1991 ) . Relevant classroom assessment training for teachers. *Educational Measurement: Issues and Practice*, *10* ( *1* ), 7–12.

Stiggins, R. J. ( 2008 ) . *An introduction to student-involved assessment for learning* ( *5th ed.* ) . Upper Saddle River, NJ: Pearson/Merrill Prentice Hall.

Stiggins, R. J., & Conklin, N. F. ( 1992 ) . *In teachers' hands: Investigating the practices of classroom assessment.* Albany, NY: State University of New York Press.

Tierney, R. D. ( 2013 ) . Fairness in classroom assessment. In J. H. McMillan ( Ed. ), *SAGE handbook of research on classroom assessment* ( pp. 125–144 ) . Thousand Oaks, CA: SAGE.

Tomlinson, C. A., & Moon, T. R. ( 2013 ) . Differentiation and classroom assessment. In J. H. McMillan ( Ed. ), *SAGE handbook of research on classroom assessment* ( pp. 415–430 ) . Thousand Oaks, CA: SAGE.

Topping, K. ( 2013 ) . Peers as a source of formative and summative assessment. In J. H. McMillan ( Ed. ), *SAGE handbook of research on classroom assessment* ( pp. 395–412 ) . Thousand Oaks, CA: SAGE.

Usher, E. L., & Pajares, F. ( 2008 ) . Sources of self-efficacy in school: Critical review of the literature and future directions. *Review of Educational Research*, *78* ( *4* ), 751–796.

vanGennip, N. A. E., Segers, M. S. R., & Tillema, H. H. ( 2009 ) . Peer assessment for learning from a social perspective: The influence of interpersonal variables and structural features. *Educational Research Review*, *4* ( *1* ), 41–54.

vanZundert, M., Sluijsmans, D., & van Merri ë nboer, J. ( 2010 ) . Effective peer assessment processes: Research findings and future directions. *Learning and Instruction*, *20* ( *4* ), 270–279.

Vatterott, C. ( 2009 ) . *Rethinking homework: Best practices that support diverse needs.* Alexandria, VA: Association for Supervision and Curriculum

Development.

Vatterott, C. (2015). *Rethinking grading: Meaningful assessment for standards-based learning.* Alexandria, VA: Association for Supervision and Curriculum Development.

Weaver, M. E. (1995). Using peer response in the classroom: Students' perspectives. *Research and Teaching in Developmental Education*, *12* (*1*), 31–37.

Webb, N. L., Alt, M., Ely, R., & Vesperman, B. (2005). *Web alignment tool (WAT) training manual.* Washington, DC: Council of Chief State School Officers.

Weiner, B. (1979). A theory of motivation for some classroom experiences. *Journal of Educational Psychology*, *71* (*1*), 3–25.

Weinstein, R. S. (2002). Overcoming inequality in schooling: A call to action for community psychology. *American Journal of Community Psychology*, *30* (*1*), 21–42.

White, K. (2017). *Softening the edges: Assessment practices that honor K–12 teachers and learners.* Bloomington, IN: Solution Tree Press.

White, K. (2019). *Unlocked: Assessment as the key to everyday creativity in the classroom.* Bloomington, IN: Solution Tree Press.

White, K. (2022). *Student self-assessment: Data notebooks, portfolios, and other tools to advance learning.* Bloomington, IN: Solution Tree Press.

Wiggins, G. P. (1993). *Assessing student performance: Exploring the purpose and limits of testing.* San Francisco: Jossey-Bass.

Wiggins, G., & McTighe, J. (1998). *Understanding by design.* Alexandria, VA: Association for Supervision and Curriculum Development.

Wiggins, G., & McTighe, J. (2005). *Understanding by design (Expanded 2nd ed.).* Alexandria, VA: Association for Supervision and Curriculum Development.

Wilen, W. W. (1991). *Questioning skills, for teachers: What research says to the teacher (3rd ed.).* Washington, DC: National Education Association.

Wiliam, D. (2011). *Embedded formative assessment.* Bloomington, IN: Solution Tree Press.

Wiliam, D. (2013a). Feedback and instructional correctives. In J. H. McMillan (Ed.), *SAGE handbook of research on classroom assessment* (pp. 197–214). Thousand Oaks, CA: SAGE.

Wiliam, D. (2013b, June). *How do you prepare students for a world we cannot imagine?* [Keynote address]. Minnetonka Leadership Institute, Minnetonka, MN.

Wiliam, D. (2014, March). The right questions, the right way. *Educational Leadership*, *71* (*6*), 16–19.

Wiliam, D. (2015, September). Designing great hinge questions. *Educational Leadership*, *73* (*1*), 40–44.

Wiliam, D. (2018). *Embedded formative assessment* (*2nd ed.*). Bloomington, IN: Solution Tree Press.

Wiliam, D., Lee, C., Harrison, C., & Black, P. (2004). Teachers developing assessment for learning: Impact on student achievement. *Assessment in Education: Principles, Policy & Practice*, *11* (*1*), 49–65.

Willis, J., & Adie, L. (2016, April). *Developing teacher formative assessment practices through professional dialogue: Case studies of practice from Queensland, Australia* [Conference presentation]. Annual meeting of the American Educational Research Association, Washington, DC.

Wilson, B., & Corbett, D. (2007). Students' perspectives on good teaching: Implications for adult reform behavior. In D. Thiessen & A. Cook-Sather (Eds.), *International handbook of student experience in elementary and secondary school* (pp. 283–314). Dordrecht, Netherlands: Springer.

Wininger, S. R. (2005). Using your tests to teach: Formative summative assessment. *Teaching of Psychology*, *32* (*3*), 164–166.

Wolfe, P. (2010). *Brain matters: Translating research into classroom practice* (*2nd ed.*). Alexandra, VA: Association for Supervision and Curriculum

Development.

Wormeli, R. ( 2006 ) . *Fair isn' t always equal*: *Assessing & grading in the differentiated classroom.* Portland, ME: Stenhouse.

Zimmerman, B. J. ( 2002 ) . Becoming a self-regulated learner: An overview. *Theory Into Practice*, *41* ( *2* ), 64-72.

Zimmerman, B. J. ( 2008 ) . Investigating self-regulation and motivation: Historical background, methodological developments, and future prospects. *American Educational Research Journal*, *45* ( *1* ), 166-183.

Zimmerman, B. J., & Schunk, D. H. ( 2011 ) . Self-regulated learning and performance. In B. J. Zimmerman & D. H. Schunk ( Eds. ), *Handbook of self-regulation of learning and performance* ( pp. 1-12 ) . New York: Routledge.

# 译后记

长期以来，教师们经常将自己的专业领域局限于教学，甚至将自己的专业等同于教学——尽管他们经常进行评价，但很可能将评价视为专业以外的事务。在这种情形下，评价也许是教师们最少关注的一个实践领域，它就是一项常规工作，在特定的时间点按照特定的程序去操作，而且时间点通常不需要自己去定，特定的操作程序似乎只需要观察同事的做法——甚至可能在自己作为学生的阶段就已有较多的了解，无须做太多的思考。正因如此，教师们对评价可能也没有太多的疑问。

然而，评价进入教师的视野之后，就成了教师们疑问最多的一个领域。究其原因，一方面，无论在教师培养还是培训中，长期以来评价都未能成为教师学习的重要内容；另一方面，那些习惯了常规评价操作的教师可能会发现，当前诸多评价观念似乎与其惯常的做法并不一致，甚至可能存在着明显的冲突。因此，教师们会产生各种疑惑，提出各种问题，这再正常不过了。

本书的作者埃尔肯斯等人就尝试解答关于评价的常见的疑问。尽管在原书名中并未明确这些疑问是谁的疑问，但读者从其内容不难看出，他们关注的显然不是教育测量专业从业者的疑问，而是教师的疑问。作为美国的研究者，迪米奇等所梳理的教师关于评价的疑问当然主要源于美国的教育情境，但作者团队的工作和研究经历（其中一些具有丰富的跨国交流经验）使得他们具备了明显的国际视野——我们之所以承接本书的翻译任务，一个很重要的原因就是本书所尝试回答的那些问题中有不少正是我国教师想要得到解答的。

本书梳理了实践中教师关于评价的诸多问题，基于“促进学习的评价”理念，强调评价的首要重点是支持学生学习，以“真实的学习文化中的希望、效能感与成就”为透镜，提供了关于这些问题的简明回答。尽管对每个问题的回答篇幅有限，只是对关键问题的简明回答，而没有提供具体的可操作的实践方案，但并不表明本书缺少实践性——只要看看其中所罗列的问题，您就能发现，它所尝试给出答案的那些问题全都是教师在实践中遭遇的真实问题；如果看到作者提供的关于这些问题的答案，您也会发现，这些答案虽然简明，但并不空洞，它们并非只提供了理论或观念，还为当前的最佳实践指明了方向。

本书的原书名是 *Concise Answers to Frequently Asked Questions About Assessment and Grading*，回答的是两类问题：一是关于“评价”，即 assessment；二是关于“评定”，即 grading。笼统地讲，assessment 和 grading 都可以译成“评价”，但仔细考察，两者还是存在差别的——前者强调评价的信息功能，后者强调基于信息得出结论，就像一个学期结束之后，教师会综合学生本学期的表现得出一个分数、等级之类的结论。特别需要说明的是，在本书的具体内容中，除了 assessment 和 grading 外，还多次出现另一个我们经常译为“评价”的单词，即 evaluation。在英文文献中，evaluation 与 assessment 的含义及运用语境都存在差别，前者更强调“价值判断”，更接近隐含着“引出价值”或“价值判断”的“评价”，因而，为了体现两者之间的区别，在本书的译文中，assessment 都被译为“评估”，但其所指的是教师在日常实践层面所开展的对学生学业的评价活动，也就是课堂评价。

本译著是周文叶教授主持的国家社会科学基金教育学一般课题“素养导向的教学评一体化实证研究”（项目编号：BHA230143）的阶段性成果。翻译工作由王少非和王炜辰合作完成。王少非负责了第一章和第二章的全部翻译工作和后六章的校订，王炜辰完成了后六章的翻译初稿。在本书行将出版之际，我们特别要感谢江苏凤凰科学技术出版社以其专业眼光引进了本书，我们相信，本书就教师所关注的真实的评价问题提供的答案即使不能为我国当前课程改革背景中的教师提供行动方案，也至少能够为他们提供解决问题的思路和实践指引。本书的翻译是我们与江苏凤凰科学技术出版社的再度合作，感谢出版社的信任。最后，感谢本书编辑陈冰彬、徐姗姗、季崇楚的专业工作。

王少非　王炜辰

2024 年 3 月